상담전문가를 위한

교류분석 집단상담

상담전문가를 위한

교류분석 집단상담

이영호 · 김장회 지음

아카데미아

이영호

- 인제대학교 사회복지학과 교수
- 인제대학교 학생상담센터 운영 및 상담위원
- 한국통합TA연구소/관계心理클리닉 운영위원장 및 상담위원
- 한국교류분석상담학회 상담·교육·조직영역 수련감독
- 한국사회복지상담학회/한국정신보건사회복지학회 수련감독

저(역)서
- 사랑의 환상 - 배우자 폭력 문제에 대한 대상관계론적 이해 - (한국가족복지연구소, 2007)
- 생활속의 교류분석 관계의 미학TA(학지사, 2011)
- 교육현장에서 교류분석의 적용(학지사, 2012)
- 마음을 여는 열쇠 TA -교류분석을 통한 정서활용 - (학지사, 2015)

김장회

- 경상대학교 교육학과 교수
- 경상대학교 학생상담센터장
- 경상대학교 교수·학습지원센터장
- 한국교류분석상담학회 수련감독
- 한국상담학회 수련감독

저(역)서
- 동기촉진 진로상담과 코칭(학지사, 2014)
- 심리상담과 치료의 이론과 실제(센게이지러닝, 2017)
- 상담심리학(사회평론, 2017)
- 생활지도와 상담(학지사, 2017)

상담전문가를 위한
교류분석 집단상담

1판 1쇄 인쇄 | 2017년 6월 26일
1판 1쇄 발행 | 2017년 6월 30일

지은이 | 이영호·김장회

펴낸이 | 주용진
펴낸곳 | 도서출판 아카데미아
주　소 | 경기도 안양시 동안구 시민대로 401 대륭테크노타운15차 2003호
전　화 | 031-389-8811
팩　스 | 031-389-8817
E-mail | books@academya.co.kr
http://www.academya.co.kr

ISBN 978-89-5938-385--6
값 12,000원

머리말

교류분석 Transactional Analysis 은 미국의 정신과 의사 에릭 번 Eric Berne 이 개발한 심리치료모델이다. 초기에는 정신장애의 치료로부터 비롯되었지만 지금은 정신장애의 치료뿐만 아니라 자신의 성격분석을 통하여 정신건강을 유지하고 예방하기 위한 활동과 교육, 조직 분야로 그 영역이 확장되면서 심리상담, 교육현장, 목회활동, 산업체, 비행소년의 교화 등 인간관계의 어려움이 있는 분야에서 많이 응용되고 있다.

1943년 번 Berne 은 미 육군 의무대에서 복무하며 집단심리치료를 시작하였고 이를 민간인 집단에게도 확장하며 적용하였다. 1963년에 출간된 "조직과 집단의 구조와 역동 The Structure and Dynamics of Organizations and Groups "에서 집단심리치료라는 주제에 대해서 자신의 교류분석이론을 포함한 다양한 이론적 틀을 가지고 연구하였다. 이후 1966년 번 Berne 은 "집단치료의 원리 Principles of Group Treatment "를 출판하며 자신의 초기 학술논문과 집단치료에 대한 일생에 걸친 관심과 실제 치료 경험에 기초해서 집단심리치료의 이론과 실제에 대한 자신의 생각을 집결하여 제시하였다. 번 Berne 은 여기서 교류분석에만 매달리지 않고 치료자들이 집단상담 장면에서 적용할 수 있는 다양한 여타의 치료 모델도 다루었다. 이후 여러 교류분석 이론가들의 독특한 기법을 개발, 통합 적용하여 교류분석 집단치료는 다양한 방식으로 전개되어오고 있다.

최근 국내에서는 다양한 학제의 학생과 상담가들이 교류분석에 많은 관심을 보이고 있다. 이러한 추세에 따라 최근 교류분석 관련 다양한 책들이 번역, 저술되어 나오고 있다. 그러나 이러한 책들 대다수는 개인상담 관련 주제에 치우쳐 있고 이론가들의 이론을 소개하는 정도에 그치고 있다. 개인상담이 갖는 한계성을 감안할 때 집단상담은 다양한 환경에서 폭넓게 활용되는 치료적 개입방법이다. 아울러 국내에서도 교류분석 집단상담에 대한 관심이 높고 집단상담이 갖는 유용성과 효율성에 비추어 볼 때 교류분석 집단상담 관련 저서는 매우 시의성을 갖는다고 하겠다. 그러나 국내에서 교류분석 관련 집단상담 저술은 전무한 실정이고 그나마 구조화된 집단상담 프로그램 형식으로 교류분석 이론과 개념을 회기 별로 나열하여 제시한 정도이다.

이러한 상황에서 저자들은 번 Berne 을 포함한 국제교류분석협회에서 주도적 역할을 해온 클로드 스타이너 Claude Steiner 의 집단기법인 정서활용능력훈련 Emotional Literacy Training 집단과 비판적 부모 자아 Critical Parent 몰아내기 집단, 뮤리엘 제임스 Muriel James 의 재양육 reparenting 집단 그리고 메리 & 로버트 굴딩 Mary & Robert Goulding 부부의 재결정 redicision 집단을 중심으로 개념과 기법을 자세히 안내하였다. 이를 통해 상담현장에서 교류분석 상담전문가들이 교류분석 집단상담을 실시하는 데 어려움이 없도록 분명하고 간결하게 집필하여 도움을 주고자 시도하였다.

따라서 본서는 다음과 같이 전체적으로 2장으로 구성되었다.

1장은 교류분석 집단상담의 이해로 집단상담의 개관을 살펴보고 교류분석 집단상담 내용으로 교류분석 집단상담가의 역할, 집단이마고 group imago, 교류분석 집단상담에서 활용하는 기법 관련 내용을 소개하였다.

2장에서는 교류분석 집단상담의 실제로 에릭 번 Eric Berne 의 집단실제, 클로드 스타이너 Claude Steiner 의 집단방법으로 정서활용능력훈련 Emotional Literacy Training 집단과 CP 몰아내기 Critical Parent decommissioning 집단, 뮤리엘 제임스 Muriel James 의 재양육 reparenting 집단과 메리 & 로버트 굴딩 Mary & Robert Goulding 부부의 재결정 redicision 집단내용을 소개하였다.

저자들은 그동안 상담현장과 대학에서 교류분석 상담과 교육, 강의를 해오면서 상담사 과정이나 상담전문가 과정에 있는 학생과 상담가들이 교류분석 집단상담에 대한 지식적 목마름과 적용 방법의 실제에 대한 욕구가 매우 큼을 인식하며 고민해 왔다. 그리하여 교류분석 집단상담과 관련된 내용으로 실습 위주의 강의와 지식 위주의 강의를 진행하기에 체계적이고 내용이 적절히 정리된 교재가 마땅치 않아 서둘러 본서를 출간하기로 결심하여 만들다보니 미흡한 점이 많고 부끄러울 뿐이다.

끝으로 이 책의 미진한 부분은 앞으로 계속 수정·보완해 나갈 것을 약속하며, 독자 여러분의 애정 어린 지적을 부탁드린다. 충분치 못한 시간에 본 교재의 제작을 위해 애써 주신 아카데미아 주용진 사장님과 편집부원 여러분께 깊은 감사의 말씀을 드린다.

2017년 5월
공동저자 이영호·김장회

목차

Chapter 1. 교류분석 집단상담의 이해

Chapter 2. 교류분석 집단상담의 실제

교류분석 집단상담의 이해

집단이란 최소 두 사람 이상의 상호 독립적인 개인으로 형성된 모임을 일컫는다. 순
우리말로는 '모둠', 영어식 표현은 '그룹'이지만 통상 '집단'이란 명칭으로 사용된다.
이러한 집단이 본질적 의미에서 '상담'을 위한 집단이 되기 위해서는 다섯 가지의 조건을
충족해야 한다.

- 첫째, 심리적으로 의미 있는 상호작용이 이루어져야 한다.
- 둘째, 구성원들이 당사자들 간에 면대면 상태에서 직접적인 의사소통이 이루어져야
  한다.
- 셋째, 구성원들 사이에 상호작용이 있어야 하는데, 집단원들이 의미 있는 방식으로
  교류하는 것이다.
- 넷째, 역동적인 상호관계가 형성되어야 한다.
- 다섯째, 각 구성원이 생산적인 방식으로 서로 의존해야 한다. 생산적 상호의존이란
  집단참여를 통해 의사결정, 문제해결, 잠재력 개발, 변화, 성장 등이 있어야 한다는
  것이다.

이상의 조건들을 충족하는지 살펴봄으로써 집단상담과 단순 모임을 구별할 수 있다.
일반적으로 집단상담을 진행하는 지도자의 이론적 경향에 따라 집단상담의 명칭은
정신역동 집단상담, 인지행동 집단상담, 게슈탈트 집단상담 등으로 지칭되기도 한다.
이런 면에서 교류분석 집단상담은 교류분석 이론을 적용한 집단상담으로 볼 수 있다.
따라서 교류분석 상담전문가는 교류분석 집단상담에 앞서 일반적으로 통용되는 '집단
상담'에 대한 기본적인 내용을 이해할 필요가 있다. 구체적으로는 집단상담의 과정,
집단역동, 집단의 치료적 요인, 집단상담가의 역할, 집단원의 유형, 집단의 발달 등에
대한 이해가 요구된다.

집단상담의 개관

집단과정

집단과정이란 집단상담가와 집단원 사이 혹은 집단원들 간의 상호작용 및 에너지 교환을 통해 집단 내에서 발생하는 변화의 추이를 말한다. 노련한 집단상담가는 집단과정과 집단내용에 대해 면밀히 살펴본다. 이와 같은 집단과정에는 집단원들의 발달단계, 집단역동 그리고 치료적 힘이 포함된다. 반면, 집단내용은 집단의 목적이나 과업을 나타낸다.

집단역동

집단역동이란 집단 내, 집단원 사이, 그리고 집단상담가와 집단원들 사이에서 발생하는 지속적인 상호작용과 상호관계에서 발생되는 힘을 일컫는 말이다. 집단역동을 파악하기 위해 집단상담가는 집단 내에 말이 없는 집단원은 누구인지, 집단의 응집력은 높은지, 집단의 전반적인 분위기는 어떠한지를 관찰해야 한다.

이러한 집단역동을 파악하기 위해서는 집단원들 사이에 주고받는 언어적 행동과 비언어 행동에 주의를 기울여야 한다. 더불어 집단의 흐름에 영향을 주는 집단상담가에 대한 집단원들의 신뢰 수준, 집단원들 간의 신뢰와 갈등, 집단원의 참여도, 힘겨루기, 하위집단화, 주의를 끄는 행동, 소모적인 게임 등에 대해서도 주목해야 한다. 집단역동에 영향을 미치는 또 다른 요소로 집단원의 배경, 집단목적의 명료성, 집단의 크기, 집단회기 수, 집단장소, 집단시간, 집단참여 동기 등이 거론되기도 한다.

집단상담의 치료적 요인

일단 집단상담이 시작되면 집단원 간에는 어떠한 형태로든 관계와 응집력이 형성되기 시작한다. 이는 집단역동과 집단발달을 촉진하는 기제로 작용하는 동시에 집단원의 성장과 변화로 연결된다. 얄롬[Yalom]은 집단원의 성장과 변화를 가져오는 요인을 '치료적 요인[therapeutic factors]'으로 명명하면서 집단의 치료적 요인 11가지를 제시하였다[Yalom & Leszcz, 2005].

- 희망의 주입 Instillation of Hope
- 보편성 Universality
- 정보공유 Imparting of Information
- 이타주의 Alturism
- 일차가족집단의 교정적 재현 Corrective Recaptulation of the Primary Family Group
- 사회화 기술의 개발 Development of Socializing Technique
- 모방행동 Imitative Behavior
- 대인학습 Interpersonal Learning
- 집단응집력 Group Cohesiveness
- 정화 Catharsis
- 실존적 요인 Existential Factors

얄롬 [Yalom]은 이런 요인들 중에서 특별히 '대인학습'과 '집단응집력'을 집단치료에서 보다 중요한 요인으로 간주했다. 대인학습은 다른 사람들과의 상호작용을 통하여 새로운 삶의 방식을 배우는 것을 말하고, 집단응집력은 다른 사람들과 서로 연결되어 있다는 느낌을 갖게 되는 것을 의미한다. 인간은 기본적으로 사회적 관계의 산물이다. 집단상담을 통해 새로운 사회적 관계를 경험하는 과정에서 치료적 변화를 경험하게 된다는 점에서 대인학습과 집단응집력이 강조된 것으로 판단된다.

집단의 치료적 요인은 학자의 이론적 관점에 따라 조금씩 다르게 제시되고 있다. 임상가인 동시에 집단상담과 치료의 교육자로 활동하고 있는 코틀러 [Kottler, 2001]는 집단의 보편적인 치료적 요인을 '지지, 소속감, 대리학습, 인식, 가족재연; 공적서약, 과업촉진, 모험시도, 시연, 직면, 마법'의 12가지로 제시한 바 있다. 얄롬 [Yalom, 2005]과 코틀러 [Kottler, 2001]의 집단의 치료적 요인에서 공통적으로 거론된 주요 요인의 명칭과 의미를 제시하면 다음과 같다.

희망 | 변화 가능성에 대한 믿음

보편성 | 문제를 겪고 있는 사람은 자기 혼자가 아니라는 점과 다른 사람들도 자신과 비슷한 생각과 감정을 갖고 있다는 사실, 즉 공통점을 깨닫게 되는 것을 의미한다. 보편성은 다른 집단원들과 교류하게 되면서 얻게 되는 통찰이다.

자기개방 | 개인적인 문제와 관심, 욕구와 목표, 기대와 두려움, 희망과 좌절, 즐거움과 고통, 강함과 약함, 개인적 경험 등에 대하여 다른 집단원들과의 관계 속에서 언어 행동과 비언어 행동을 통해 자신을 표현하는 것을 말한다. 이러한 자기개방을 촉진시킬 방법으로 집단상담가의 시범을 들 수 있다. 또한, 집단원은 자기개방의 내용에 대해 처벌받아서는 안 된다는 것이 있다.

유머 | 자신의 사고와 행동에 대해 웃을 수 있다는 것은 자기 자신을 새로운 각도에서 조망해 볼 수 있음을 의미한다.

수용 | 다른 사람뿐 아니라 자기 자신을 있는 그대로 받아들이고 인정하는 수용이다. 수용은 다른 사람의 사고와 감정표현의 권리를 인정하는 것을 포함한다.

피드백 | 다른 사람의 행동, 사고, 감정, 경험에 대한 반응으로, 이 반응과 관련된 개인의 솔직한 생각과 감정을 되돌려 주는 것을 뜻한다. 솔직한 피드백을 통해 집단원들은 자신과 타인을 진정으로 수용하는 방법을 배울 수 있게 된다.

모방행동 | 집단원은 다른 사람들의 문제해결 과정을 지켜봄으로써, 대리학습의 효과를 얻을 수 있다. 집단상담가는 집단원에게 관찰과 모방을 유도함으로써 의미 있는 학습이 일어나도록 동기를 부여해야 한다.

집단응집력 | 집단원들이 '우리'라는 의식과 소속감을 기반으로 집단 내에서 적극적으로 일체화하려는 정도를 의미한다.

정화 | 개인의 내면에 누적되어 있는 감정을 표현함으로써 그 감정을 해소하는 것이다.

새로운 행동과 기술 실험 | 안전한 공간을 제공하는 집단 내에서 새로운 기술과 행동을 연습하는 것이다.

집단상담가의 자질

집단상담가가 갖추어야 할 자질에 관하여 일반적으로 거론되는 사항들을 중심으로 살펴보면 다음과 같다.

자기수용 | 자기수용이란 자기를 있는 그대로 받아들이며 인정하는 것을 의미한다. 자기수용적인 집단상담가는 자신의 강점뿐만 아니라 약점까지도 인정하고 받아들인다.

개방적 태도 | 개방적 태도란 새로운 경험, 그리고 자신의 것과는 다른 유형의 삶과 그 가치에 대해 기꺼이 수용하는 자세를 의미한다. 집단원에게서 부정적 피드백을 듣는 경우에도 개방적인 태도를 보인다. 또한, 집단상담가 자신의 경험을 드러냄으로써 집단원들의 자기개방을 촉진시킨다.

타인의 복지에 대한 관심 | 집단원을 비롯한 주변 사람의 안녕과 행복한 삶을 영위할 수 있도록 배려하는 마음을 기꺼이 보살피는 행동으로 나타내는 것을 뜻한다.

유머 감각 | 치료적으로 유의한 측면에서 집단원들을 웃길 수 있는 말이나 행동을 할 수 있는 능력을 말한다. 집단원의 문제를 새로운 각도에서 조망해 볼 수 있게 한다.

자발적 모범 | 집단원들의 행동변화를 위해 바람직한 행동의 모델 역할을 담당하는 것을 말한다. 즉, 집단상담가가 개방적 태도, 수용적 자세, 적극적 경청, 자기개방, 타인에 대한 존중과 배려, 즉각적인 긍정적 피드백 등을 몸소 실천하여 집단원들에게 대리학습의 기회를 마련한다.

공감적 이해 능력 | 집단원의 감정을 함께 느끼고 이해한 것을 언어 및 비언어 행동으로 나타내는 것을 말한다. 여기서 주의해야 할 점은, 집단상담가는 집단원의 주관적 경험에 동참은 하되, 지나칠 정도로 동조나 동정 또는 동일시할 필요는 없다는 것이다.

심리적 에너지 | 집단원 개개인을 이해하고 그들의 욕구를 충족시키기 위해 활용되는 역동적 자원을 말한다.

새로운 경험 추구 | 새로운 경험을 추구하는 집단상담가는 자신과 다른 세계에서 온 집단원들의 문화에 대해 배우고자 한다. 타인이 겪은 것을 모두 경험하지는 못할지라도, 집단원들의 삶에 공감적으로 접근해야 한다.

창의성 | 종래의 집단운영 방식을 매번 답습하기보다는 새로운 것을 창안하여 집단상담에 적용할 수 있는 능력을 말한다.

집단상담가의 문제행동

숙련된 집단상담가로 성장하는 과정에서 초심 집단상담가가 범하기 쉬운 문제행동으로 거론되는 지나친 개입, 방어적 태도, 폐쇄적 소양, 과도한 자기개방이 각각 무엇인지 살펴보고 이에 대처하는 방안에 대해 살펴보면 다음과 같다.

지나친 개입 | 집단상담가가 집단과정에 과도하게 개입하는 경우가 있다. 집단과정에서 집단원들의 진술에 일일이 반응할 필요가 없음에도 주도적인 교류를 선택하는 상담자는 집단원 간의 상호작용을 유도하는 방향으로 수정해야 한다. 집단역동은 집단원의 상호작용에 기반하기 때문이다.

방어적 태도 | 집단원의 비판, 평가, 부정적인 반응 등은 집단상담가로서 견디기 어려운 행동들이다. 집단상담가의 방어적 태도는 집단원의 적대감을 유발하고 결과적으로 집단에 심대한 위협요소로 작용할 수 있다. 따라서 부정적 반응을 보이는 집단원을 건설적으로 대하도록 해야 한다. 즉, 집단원의 저항적이거나 부정적인 태도를 치료의 소재로 활용하는 방안을 모색해야 한다.

폐쇄적 소양 | 집단과정에서 개인의 사적인 내용의 노출을 최소화하려는 경향을 말한다. 집단상담가의 폐쇄적 태도는 집단원의 자기개방을 가로막을 수 있다. 노련한 상담자일수록 자신의 감정표현에 적극적이고 집단원들 못지않게 집단활동에 적극적으로 참여한다는 사실을 기억하는 것이 도움이 된다.

과도한 자기개방 | 상담자가 자신의 사적인 내용을 과도하게 노출하는 태도로서 집단상담가로서보다는 집단의 일원으로 기능하는 것처럼 보일 수 있다. 집단상담가의 역할은 집단상호작용을 촉진하고 집단의 초점을 설정, 유지, 심화하는 것이다. 이러한 고유의 역할에 불편함을 느낀다면 내담자로서 도움을 받을 필요가 있다.

집단원의 문제행동

집단상담을 진행하면서 집단원이나 집단상담가를 힘들게 하는 집단원이 종종 관찰
된다. 집단원의 문제행동은 집단과정과 발달에 부정적인 영향을 미친다. 따라서 집단을
효율적으로 운영하기 위해서는 집단원의 문제행동을 이해하고 이에 대처할 준비가
되어 있어야 한다.

대화 독점 | 대화 독점은 집단상담가가 다른 집단원들에게 집단시간을 고르게 배분하는
것을 어렵게 한다는 문제점이 있다. 또한, 대화를 독점하는 집단원의 행동은 시간이
지나면서 그의 이야기를 들어주어야 하는 다른 집단원들을 지루하고 피곤하게 한다.
이에 대한 대처방안으로 해당 집단원에게 그 행동을 통해 얻고자 하는 점과 관련된
역동 탐색의 기회를 제공한다.

소극적 참여 | 다른 집단원이 소극적으로 참여하는 집단원을 의식하게 되면서 집단에
부정적인 영향을 미치게 된다. 이와 같은 문제점에 대해, 소극적인 태도를 보이는 집단
원에게 집단에 적극적으로 참여할 수 있는 기회를 제공하는 방안이 있다.

습관적 불평 | 이는 집단의 분위기를 해치고 또 다른 불평으로 번질 수 있다는 문제점이
있다. 이에 대해서, 집단원과의 개인면담을 통해 불평불만의 원인에 대해 알아보는
방안이 있다.

일시적 구원 | 일시적 구원이란 타인의 고통을 지켜보는 것이 어려워 이를 사전에 봉쇄
하기 위한 일종의 가식적 지지 행위를 말한다. 대처방안으로 교정적 정서 체험, 즉
다른 집단원이 고통스런 경험을 노출할 때, 그의 느낌과 생각을 탐색해 볼 수 있는
기회를 제공하는 방법이 있다.

사실적 이야기 늘어놓기 | 집단원이 과거 사건이나 경험에 관한 사실적 이야기를 장황하게 늘어놓게 되는 경우 집단역동·집단분위기에 부정정인 영향을 끼칠 수 있다. 이에 대한 대처방안으로 첫째, 집단원이 '여기 지금'에 초점을 맞추고, 감정을 현재형으로 표출하도록 돕는다. 둘째, 차단기술을 사용하여 사실적 이야기보다 과거의 사건이나 상황에 대한 느낌을 토로할 수 있도록 돕는다.

질문 공세 | 자칫 다른 집단원에 대한 단순한 호기심 충족을 위한 수단으로 오용될 수 있다. 질문 공세에 대한 대처방안은 해당 집단원에게 질문 속에 포함된 핵심 내용을 자신을 주어로 해서 직접 표현해 보도록 하는 것이다.

충고 일삼기 | 충고는 일종의 자기방어나 저항의 형태로, 다른 집단원의 감정표출이나 미결감정의 재경험을 조기에 차단하는 결과를 초래할 수 있다. 충고대로 실행에 옮겼다가 원하는 결과가 나타나지 않을 경우 실패에 대한 책임을 충고를 제공한 사람에게 전가할 수 있다. 반대로 성공적인 결과를 얻게 된 경우, 타인에게 의존하려는 경향이 강해진다. 이에 대한 대처방안으로, 집단원이 시간적 여유를 가지고 자신의 문제를 탐색하도록 돕는 방법이 있다. 그리고 교육회기를 통한 충고는 그리 효과적인 조력방법이 아니라는 점을 일깨워 준다. 마지막으로 충고를 일삼는 집단원에게는 그러한 행동의 동기를 탐색해볼 수 있는 기회를 제공한다.

적대적 태도 | 내면에 누적된 부정적 감정을 직간접적인 방식으로 집단상담가나 다른 집단원에게 표출하는 것을 말한다. 이는 다른 집단원의 적대적 태도와 감정을 불러일으킬수 있다. 따라서 적대적 태도를 보이는 집단원이 집단에서 원하는 것이 무엇인지를 탐색하여 다른 집단원에게 직접 표현하도록 돕거나 다른 집단원들이 자신이 받는 영향과 느낌에 대해 이야기를 나누도록 대처할 수 있다.

의존적 자세 | 집단상담가나 집단원이 자신을 보살피고 자신에 관한 사안을 대신 결정해줄 것으로 기대하는 듯한 행동과 태도를 말한다. 'Yes, but~' 게임도 이에 해당한다. 이에 대처하기 위해서는 의존적 자세를 통해 욕구충족을 해왔던 악순환의 고리를 끊어야 한다. 그 집단원이 타인에게 의존하려는 경향이 있음을 인식시키도록 하는 것이 중요하다.

우월한 태도 | 자신이 다른 집단원보다 우월하다는 태도를 보이며, 군림하려 하거나 도덕적인 사람처럼 행동하기도 한다. 집단원의 행동에 대해 판단하거나 비판적인 태도로 일관한다. 'I'm OK, but you're not OK' 태도가 선명하게 드러난다. 따라서 이런 집단원에게는 자신의 느낌을 탐색하거나 원하는 바가 무엇이지 질문하는 방식으로 개입할 수 있다.

집단의 발달단계

집단이 단계를 거치며 발달한다는 것과 발달단계에 대해서는 학자마다 견해가 다르다 Corey & Corey, 2006; Muro & Kottman, 1995; Myrick, 2003. 하지만, 일반적으로 수용되는 가정은 탐색단계, 작업단계, 생산단계, 통합단계 등을 거치며 발달한다는 것이다. 집단발달에는 일정한 원리가 있고, 집단의 발달단계에 따라 구별되는 특징이 있다. 이를 차례로 살펴보면 다음과 같다.

집단발달 원리

- 발달은 단계의 순서대로 진행된다.
- 일반적으로 단계의 순서는 건너뛰지 않는다.
- 어떤 단계에 있는지 알고 있다면, 다음에 대한 예측이 가능하다.
- 발달은 사람들이 다음 단계로 옮겨갈 수 있도록 도움으로써 촉진될 수 있다.

집단발달단계

탐색단계

탐색단계의 핵심은 집단이 나아갈 방향으로의 안내와 탐색이다. 집단원들은 새로운 사람들과의 만남으로 어색해하거나 자기개방에 부담을 느끼기도 한다. 그래서 신뢰수준이 낮으며 소극적인 태도를 보인다. 또한 불안 수준 역시도 높은 편이며 '거기-그때'에 초점을 맞추고는 한다. 탐색단계에서 집단상담가는 집단원들의 언행에 민감하게 반응하며, 개방적으로 자신을 드러내도록 분위기를 조성한다. 또한 적극적 경청과 공감적 이해를 통해 그들의 불안을 자유롭게 표현하고 이해받을 수 있는 기회를 마련한다. 이 외에도 집단원들이 더 안심하고 집단에 참여하도록 돕기 위해 불안감을 서로 나눌 수 있는 기회를 제공한다. 탐색단계의 집단원들은 자신에 관한 것보다 집단 외부 인물, 과거의 사건 또는 상황, 즉 '거기-그때'에 대해 이야기한다. 집단상담가는 집단원들이 '여기-지금'에 초점을 맞출 수 있도록 개인적인 문제와 관심사를 집단 내에서 다룰 수 있도록 도와주어야 한다.

집단의 탐색단계에서 집단상담가에게 주어진 임무는

- 첫째, 긴장감과 불안감을 덜어주는 한편, 집단의 상호작용을 촉진하는 일이다.
- 둘째, 집단에 대한 구조화를 실시하고 모델로서 실천을 통해 집단원들에게 기대되는 행동을 가르치는 것이다.
- 셋째, 집단원의 문제행동에 효과적으로 대처하거나 해결하는 것이다.
- 넷째, 집단의 신뢰 분위기를 조성하는 것이다. 이는 집단상담가가 적극적으로 수용적·공감적 반응을 보임으로써 서서히 이루어진다.

탐색단계에서 집단발달을 촉진하기 위한 전략으로 건설적인 집단규범의 발달, 집단응집력 촉진, 집단상담가의 모델로서의 시범, 주의 깊은 경청, 공감적 이해, 집단상담가의 사려 깊은 직면이 있다.

작업단계

작업단계는 집단원들이 탐색단계에서 설정한 집단목표 달성을 위한 작업을 시작하는 시기다. 여기서 작업이란 집단원 개개인이 집단상담가의 전문적인 도움을 토대로 집단목적과 관계되는 개인적인 관심사나 문제를 해결하기 위한 제반 활동을 말한다.

작업단계의 특징으로

- 첫째, 작업단계에서 집단원들은 점차 본래 대인관계 패턴을 드러내기 시작한다.
- 둘째, 자기개방 수준이 높아지게 됨에 따라, 다른 집단원들을 의식하게 되며 불안 수준이 높아진다.
- 셋째, 집단원들이 자신을 방어하거나 예상되는 상처를 피하기 위해 저항을 표출한다.
- 넷째, 시간이 갈수록 자신의 본래 모습을 보이면서 집단상담가와 집단원 또는 집단원들 사이에 갈등이 야기된다.
- 다섯째, 집단상담가에게 도전함으로써 권위와 능력을 시험해 보는 집단원이 나타난다. 이러한 상황에서 집단상담가는 비방어적으로 경청·반응하여 집단의 발전을 꾀하는 태도를 보인다면 훌륭한 역할 모델이 될 수 있다.

집단의 작업단계에서의 촉진 전략은

- 첫째, 집단원들의 모험시도를 독려하는 것이다. 모험시도가 이루어지지 않은 경우, 집단원들이 보다 깊은 수준에서 자기탐색을 하도록 돕기 위해 구조화된 모험시도 방법을 활용하기도 한다.
- 둘째, 시의적절한 해석을 제공하는 것이다.
- 셋째, 적절한 수준으로 집단의 통제를 유지하는 것이다. 이는 집단에서의 논의가 집단 목적에 합당한 주제 혹은 초점에서 벗어나지 않도록 관리·감독하는 것을 의미한다.
- 넷째, 집단원들이 말과 행동으로 전달하려는 메시지에 적극적이고 민감하게 반응하는 것이다.

생산단계

집단의 작업단계와 생산단계를 구분 짓는 선은 없지만, 집단원들 간의 상호작용이 얼마나 생산적이고, 치료적 요소들이 활성화되어 작용하고 있는가에 따라 집단의 단계를 가늠할 수 있다. 생산단계에서는 집단의 변화촉진 요인들이 고르게 나타난다. 또한 치료적 작업에 참여하여 과업을 실행·완수한다. 생산단계에서는 집단원들 간의 깊은 신뢰관계가 형성되며, 강한 집단응집력을 조성한다. 이에 따라 피드백 교환의 활성화가 일어나며 개인차를 존중하며 갈등의 불가피성을 인정하고 적극적으로 해결하려 한다. 집단규범의 적극적 실천이 이루어지는 시기이며, 회기 간의 지속성이 나타나고 실천 가능한 과제가 부여된다.

집단의 생산단계에서 집단상담가의 임무는

- 첫째, 이전 단계에서 집단원들에게 보여 왔던 적절하고 생산적인 행동을 솔선수범하여 모델 역할을 계속하는 것이다.
- 둘째, 집단원들의 자기탐색의 깊이와 강도를 높여 나가는 임무를 수행한다. 집단은 항상 그 수준에 머물러 있지 않는다. 그러므로 집단이 생산단계에 도달했다고 하더라도, 이전 단계의 쟁점들이 대두되는 것은 놀라운 일이 아니다. 이와 같이 집단원들에게서 일종의 퇴행 현상이 발생하는데, 이때 집단상담가는 그동안 집단에서 진행되어 온 상황의 주요 부분을 요약·정리 해주는 한편, 집단원들의 생각과 느낌을 자유롭게 표현하도록 하는 방법이 있다.

통합단계

이 시기는 종결을 준비하는 시점이다. 또한 집단경험을 통해 변화되고 학습된 것들을 총체적으로 정리하고, 공고히 하며, 일상생활에 보다 효율적으로 적용할 수 있도록 돕는다는 점에서 매우 중요한 시기다. 통합단계에 이르면 이제까지 배운 것을 종합해 일상생활에 연결하고 확장하는 방법을 다룬다. 집단원들은 복합적인 감정을 갖게 된다. 집단상담가는 집단원들이 복합적 감정을 자유로이 표출할 수 있도록 한다. 또한 집단원들은 종결을 예상하고 집단참여에 소극적이고 냉담한 태도를 보이게 된다.

추수단계

추수단계는 집단이 완전히 종결되고 나서 일정한 시간이 지난 후, 집단원들의 기능 상태를 점검하기 위한 시기다. 추수단계에서 작업은 추수 집단회기 또는 개별 추수 면담을 통해 이루어진다. 추수 집단회기는 집단원들이 집단경험에서 습득한 학습내용을 토대로 설정한 목표를 얼마만큼 수행했는지, 목표한 방향으로 나아가고 있는가를 탐색하기 위함이다.

집단상담가의 윤리

집단상담가에게 집단에 관한 이론 및 임상적 경험은 매우 중요한 요소이다. 하지만, 집단윤리에 합당한 집단운영이 전제되어야 한다. 집단상담가는 윤리적으로 행동할 것이 요구된다. 따라서 집단상담가가 숙지해야 할 윤리사항에 대해 간략히 살펴보면 다음과 같다.

오리엔테이션

오리엔테이션이란 집단시작에 앞서 다음에 언급할 내용을 정리하여 집단원들에게 전달하는 일을 말한다. 오리엔테이션에 포함시켜야 할 내용에는 진행 중인 집단 혹은 계획 중인 집단에 관한 정보를 제공하는 것이 있다. 그리고 집단상담가의 자격에 관한 내용을 제시해야 하며, 집단의 목적과 절차에 관한 정보를 전달해야 한다. 또한 심리적 모험의 가능성, 집단원의 심리적 안전 보호에 대해 말한다. 이 밖에도 집단원의 약물복용 제재, 개인상담과의 병행, 상담료에 대한 내용을 전달한다.

비밀유지

집단상담가는 비밀유지의 중요성을 강조하고 모든 집단원의 사적인 정보 노출을 방지하기 위한 규범을 정한다. 그러나 집단상담에서 비밀유지란 한계가 있으므로 집단상담가는 사적인 비밀이 완전하게 보장될 수 없다는 사실을 집단원들에게 알려 주어야 한다. 집단상담 회기를 녹음·녹화할 시에는 주로 수련감독을 받기 위한 교육적인 목적으로만 사용된다는 사실을 집단원들에게 알리고, 사전 동의서를 받는다. 또한 미성년자를 대상으로 하는 집단의 경우 반드시 부모나 법적 보호자의 허락을 받아야 한다.

자발적·비자발적 참여

집단참여의 기본 원칙은 자발적 참여다. 그러나 집단에 참여하지 않을 수 있는 권리 행사가 집단원의 안녕과 복지에 항상 유익하게 작용하는 것은 아니다. 그러므로 집단상담가는 잠재적 집단원들에게 이에 관한 정보를 제공해야 한다.

집단이탈

집단원에게는 집단이탈의 권리가 있다. 그러나 집단원이 집단을 떠나기로 결정하기에 앞서, 집단이탈의 사실을 자기 자신과 다른 집단원들에게 반드시 알려주어야 하며, 중도포기에 따른 부작용 가능성에 대해 논의해야 한다. 또한 다른 집단원들에게 집단이탈의 이유에 대해 밝히도록 격려한다. 한편, 법원의 판결에 따라 비자발적으로 집단에 참여하는 집단원에게는 조기에 집단을 떠나게 됨으로써 발생할 수 있는 결과에 대해 설명해주어야 한다.

상담자 가치관 주입

집단상담가는 자신의 가치관을 집단원들에게 주입해서는 안 된다. 그러나 아무리 가치관 주입 행위를 피한다 해도 때로 이와 관련된 문제가 발생할 수 있다. 이러한 경우 상담자의 가치관과 암묵적 가치관을 집단원들에게 알려야 한다. 집단상담가는 자신의 개인적·전문적 욕구를 집단원들을 통해 충족시키려는 어떤 시도를 해서는 안 된다. 또한, 집단상담가는 문화적 변인을 염두에 두고 모든 집단원들의 권리와 존엄성을 지켜주어야 한다.

다중관계

　다중관계란 집단상담가가 집단원과의 사이에서 집단상담가와 집단원이라는 관계 외에, 집단참여 목적과는 다른 형태로 형성되는 관계를 말한다. 집단상담가는 집단원의 선별과정부터 다중관계와 이 관계에서 파생되는 문제점을 신중하게 고려해야 한다.

기법 사용

- 첫째, 집단상담가는 자신이 담당하는 집단에 적용되는 이론적 접근에 대해 명확히 설명할 수 있어야 한다. 그리고 집단에서의 개입에 대한 근거를 제시할 수 있어야 한다.
- 둘째, 집단상담가는 집단상담 서비스를 효과적으로 수행할 수 있도록 전문기법을 갖추고 있어야 한다.
- 셋째, 집단상담가는 집단상담 실습 경험이 반드시 필요하다.
- 넷째, 집단과정에서 해결하기 어려운 문제가 발생하는 경우 임상경험이 많은 전문 가의 수련감독을 받아야 한다.
- 다섯째, 자격증과 학위는 전문가를 구분하는 데 중요한 요소이지만, 스스로가 능력의 범위와 한계를 깊이 인식하고 있어야 한다.
- 여섯째, 집단상담가의 자격에 합당한 집단유형을 선택한다. 집단상담가는 집단원 들이 개인적인 목표 설정을 하도록 도와야 하며, 집단원들을 위한 자문에 관한 규정을 정하고 이에 대해 설명해 주어야 한다.
- 일곱째, 집단상담가는 자신의 능력에 벗어날 정도로 특별한 도움이 필요한 집단원 들을 적절한 시기에 다른 전문가에게 의뢰해야 한다.

교류분석 집단상담

TA 집단상담가의 역할

집단에서 TA이론을 적용하는 TA 집단상담가는 집단의 지도자로서 집단과정을 촉진시키는 촉진자 이상의 역할을 수행해야 한다. 즉, TA지도자는 각 구성원 간의 사전 만남을 통해 개인의 특성을 파악하고, 개인이 원하는 목표에 대해 알아보고, 그 목표달성을 위한 계약을 체결한다. TA지도자는 집단진행에 있어 집단 자체에 중요성을 두기보다는 각 집단구성원과 체결한 계약의 이해를 통한 목표달성에 더 큰 비중을 둔다.

집단진행의 초기단계에서 TA지도자에 따라 교류분석의 개념에 대해 설명하는 데 1-3회 정도를 할애하고 그 이후에 실질적인 집단모임을 진행시킨다. 초기단계에 있어서 지도자에게 우선적으로 요구되는 기법은 청취기법과 관찰기법이다. 또 TA지도자는 집단원 간 교류 즉, 언어적, 비언어적 메시지의 내용을 올바로 파악할 수 있는 기술이 필요하다. 이외에 교류분석을 활용한 집단의 진행에 있어서 TA지도자가 사용하는 기법들로는 명료화, 질문, 대결, 설명, 예증, 확인, 해석, 구체화 등이 있다. 그 밖에 TA지도자들이 사용하는 도구로 개인의 특정한 자아상태가 방출한 에너지의 양을 나타내어 자아상태 구조의 이해를 돕는 자아상태 체크리스트와 게임의 이해를 위해 박해자(P), 구원자(R), 희생자(V) 중 하나의 역할을 취하게 하는 카프먼[Karpman] 의 삼각관계[triangle] 개념 등이 있다.

딩크마이어 Dinkmeyer 와 무로 Muro 는 TA지도자의 역할을 다음의 여덟 가지로 설명하였다.

- 첫째, 집단의 목표가 무엇인지 명확히 설명한다.
- 둘째, 계약을 맺는다.
- 셋째, 현재 집단구성원들이 부딪치고 있는 문제에 정면으로 대결한다.
- 넷째, 자아상태를 확인 identify 한다.
- 다섯째, 집단구성원이 '그것', '그들' 등의 대명사를 사용하여 막연한 표현들을 할 경우 그런 표현들의 의미를 명료화한다.
- 여섯째, 집단구성원들로 하여금 여기, 지금 here and now 의 감정이 어떤 감정인지 파악하도록 하며 이러한 감정들을 다루려고 하는 자신의 태도가 어떤 것인지를 파악하도록 한다.
- 일곱째, 집단구성원으로 하여금 그들의 현재 감정은 그들의 책임 하에 있음을 주지시킨다.
- 여덟째, 집단구성원 상호 간의 대화를 촉진시킨다.

해리스 Harris 는 TA지도자는 선생님이며 훈련자로서 매우 적극적인 역할을 해야 하며 동시에 많은 능력을 가진 자원자 resource person 가 되어야 한다고 말한다. 그는 특히 TA지도자는 교훈적이며 인지적인 면에 관심을 집중시켜야 하고 구조분석, 의사교류분석, 생활각본분석, 게임 분석에 능해야 함을 강조했다.

동시에 통합적 교류분석집단에서는 TA지도자가 형태주의 집단형태를 위하며, 개별구성원의 신체적 움직임, 꿈과 환상, 태도, 목소리의 높고 낮음, 음성, 억양 등을 관찰하며, 언어적 행동과 비언어적 행동 사이의 불일치 부분을 지적하기도 한다. 이러한 방법을 통해 TA지도자는 각 구성원들이 자기들의 문제를 직면하여 책임성 있게 다루도록 돕는다.

　　TA지도자는 집단의 중심적인 위치를 차지하고 집단을 어떻게 이끌 것인가, 누구와 언제 어떻게 상호작용을 할 것인가를 결정한다. 흔히 TA지도자는 집단구성원과의 상호작용을 중요시하며 여러 가지 기법, 게임, 경험적 연습 등을 사용함으로써 구성원 들로 하여금 순간순간의 경험에 대한 자각을 하도록 돕는다. TA지도자는 또한 집단구성 원들로 하여금 자신의 행동에 대해 책임을 지도록 하는 촉진자 역할을 하며 TA지도자 자신이 구성원들의 행동과 변화에 대해 책임을 지는 것을 피한다. 한편, TA지도자는 그 자신의 삶에 대해 책임을 지는 모습을 구성원들에게 보여 줌으로써 그들에게 좋은 역할 모델이 되어야 한다. TA지도자는 때로 집단구성원들의 강한 의존적 욕구나 비현실적인 기대를 좌절시키고, 보다 현실적이고 생산적인 행동을 하도록 장려해야 한다. 통합적 교류분석집단에서 지도자의 역할은 집단구성원들로 하여금 자신의 생활무대에서의 배역을 더 잘할 수 있도록 돕는 '연극의 연출자', '역할수행지도자' 또 집단구성원을 도울 수 있는 능력과 교육방법을 갖춘 '전문적 조력자'이다.

집단이마고 Group imago

번 Berne 은 TA 집단이론을 개발하면서 '집단이마고'라는 독특한 개념을 소개하였다. 여기서 집단이마고란 의식, 전의식, 무의식 속에서 '집단은 무엇이며 또 어떤 집단이 되어야 하는가?'라는 모든 정신적 그림 mental picture 이다. 번은 개인의 요구, 경험, 소망, 정서에 기초 하여 집단의 사적구조 private structure 안에 '집단이마고'가 존재한다고 했다. 그러므로 집단 이마고는 집단개발의 여러 단계와 다양한 집단의 구성원에 따라서 다르게 인식된다. TA 이론에서 각본이론 등을 감안한다면 번의 그룹 이마고 개념은 쉽게 추론될 수 있다. TA 집단이론은 집단의 발달단계에 따라 여러 형태의 집단이마고를 소개하고 있다.

- 1단계: 임시적 Provisional 집단이마고
- 2단계: 적응적 Adapted 집단이마고
- 3단계: 조작적 Operative 집단이마고
- 4단계: 재적응 Secondarily Adjusted 집단이마고
- 5단계: 선명화된 Clarified 집단이마고

TA집단치료에서는 집단이 하나의 개인 같이 '하나의 전체로서 집단 group-as-a-whole '을 중심으로 집단에 속한 개인의 최적의 치료를 도모하게 된다. 이것은 집단 안에서 최상의 치료 효과를 하도록 집단역동을 활용하는 것이다. 집단발달단계에 따른 능숙하고 효율 적인 집단운영은 심리치료와 변화를 초래함에 있어서 가장 중요한 요인으로 간주되고 있다. 여러 단계의 '집단이마고'를 어떻게 집단지도자가 처리해 나가느냐가 관건이다.

　　TA 집단상담은 집단이 역동성 안에서 개인의 '집단이마고'를 변화시키면서 집단은
변화(치료)의 증인이 되어주거나 구성원 개인의 변화에 긍정적 스트로크를 제공하게
된다. 또한 집단원이 집단지도자와의 '전이' 또는 '집단이마고'를 표출할 뿐만 아니라
다른 집단구성원들과의 사이에서 표출되는 다양한 '집단이마고'를 체험하게 함으로써,
집단원 개인이 소유하고 있는 심리적 문제의 '전체성'을 볼 수 있는 기회를 제공한다. TA
집단에서 발생하는 '집단이마고'는 개인과 집단원 전체, 집단원 전체와 개인, 집단과
개인이 함께 이루는 세 가지 종류가 있다. 집단상담가는 이 세 가지 범주 사이에서 생길
수 있는 다양한 '집단이마고'들에 대한 충분한 이해와 적용 능력을 갖추어야 한다. TA
집단이마고의 단계별 특징과 그에 따른 상담자의 역할을 보다 구체적으로 살펴보면
다음과 같다.

1단계: 임시적 집단이마고

집단상담에 참여하는 집단구성원의 욕구를 살펴보면 다음과 같다[Berne, 1963].

- 자극을 필요로 하는 생리적 욕구
- 심리적 욕구를 위한 시간 구조화
- 사회적 친밀성의 욕구
- 교류의 욕구
- 과거의 경험에 입각한 일련의 임시적 기대

집단원의 과제는 자신의 욕구와 기대를 자신이 대면하게 되는 집단의 현실에 적응시키는 것이다. 집단원은 자신의 초기 집단경험에 따라 집단으로부터 무엇을 얻을 것인가에 대한 '정신적 그림'을 임시로 갖게 된다. 이때의 '임시적 집단이마고'는 '의식[ritual]'이라는 시간의 구조화를 통해 표출된다. 집단원들 간에 처음 만나 인사하는 예를 들 수 있다. 이 단계에서 집단원은 집단과제에 대한 성격과 경계에 대해 관심을 갖게 되는데, 자신의 과거 경험을 토대로 집단의 규정, 집단 내 행동의 제약 등에 대한 '환상'을 갖게 된다. 이 단계에서 집단원의 최대 관심은 집단상담가와 어떤 관계를 맺고 의존할 것인가에 관한 것이다. 이 현상은 집단상담가를 집단의 상위에 두고 자신들의 조부모, 부모, 가족구성원, 선생 등을 상징적으로 투사하는 단계이다.

소규모 집단에서는 중심적 전이가 집단상담가를 중심으로 나타난다. 또한 집단원 간의 횡적인 전이도 나타난다. '세 번째 전이'는 하나의 대상 또는 실체로서 소규모 집단 전체를 향한 것이다. 이때 집단상담가의 역전이가 일어날 수 있다. 터크만[Tuckman, 1965]은 이 첫 단계를 '형성'단계로 칭했다. 처음 만난 집단원들이 상호 간에 시험 즉, 개인행동의 경계를 시험한다.

이 단계에서 집단상담가와 집단원, 집단원들 간, 집단과 집단원들 사이에 계약이 이루어져야 한다. 집단상담이 전개될 공간적 경계도 보장되어야 한다. 외부와의 집단경계 설정은 상담자의 능력을 상징해 주는 내부의 경계와 관계가 있다. 중요한 내적 경계선을 정하는 것은 집단상담가의 심리상태를 나타내는 것이기도 하다. 집단상담가는 집단원이 누구이며, 누가 집단과정을 책임지고 있는지를 분명히 하는 것이 중요하다. 궁극적으로 집단상담가는 집단 자체에 힘을 부여하도록 노력해야 한다. 따라서 집단상담가는

분명한 계약과 시간 구조화를 하고, 명확한 집단의 경계를 설정해야 하며 집단원이 환영
받는 분위기를 조성해야 한다.

2단계: 적응적 집단이마고

　적응적 집단이마고는 각 집단원이 대면하게 된 현실에 대한 판단에 따라서 피상적으로
수정된 이마고이다. 이 단계에서 시간 구조화는 '여가 [pastimes]'의 양태를 나타낸다. 안전한
환경에서 대화를 나누지만 특별한 행동은 취하지 않는다. 상담자의 내적 경계선이나
집단과정에 대해 도전하는 행동이 나타나기도 한다. 내적 경계선 안에서 집단원 간의
갈등도 표출된다. 터크만 [Tuckman, 1965]은 이 단계를 '폭풍의 단계'로 칭하였다. 이 단계는
상담자가 집단원 간의 갈등, 상담자에 대해 반항하는 단계로 집단과제를 이어가기 위해
많은 심리적 에너지가 요구되는 단계이다. 이러한 행동은 때로는 우울, 수동성, 집단원
간의 에너지 결핍상태를 나타내기도 한다. 효율적인 상담자는 '강경하고 공평한' 모습을
보여줄 수 있다. 폭풍의 단계는 집단이 후에 효율적으로 기능하기 위해 필요한 준비단계가
될 수 있다. 이 단계에서 I'm OK, You're OK의 인생태도가 집단에서 시험받기도 한다.

　이 단계에서 상담자는 내적 경계선과 집단과제를 철저히 일치시키면서 집단원 각자가
최대의 '시험 [test]'을 하도록 돕는다. 상담자는 심리적 차원에서 견뎌낼 수 있어야 한다.
집단원이 자신의 집단이마고에 맞지 않는 집단과제를 수행하게 될 때, 자신의 욕구를
적응시켜 나감에 있어 갈등과 양극화가 발생할 수 있다. 이 때 집단원 사이에서 싸우거나
도망가는 행동이 나타날 수 있다. 이런 갈등은 상담자가 힘이 없는 것으로 간주될 때
더욱 심하게 나타난다. 이 단계에서 집단원 간에 다양한 게임이 표출된다. 상담자가
집단원이 시행하는 '시험'을 어떻게 다루는가에 따라서 이후 집단원이 집단활동을 잘
활용할 것인지의 여부가 결정된다.

　따라서 집단상담가는 집단원의 피드백을 비판 없이 받아들이고, 위협이나 공갈에
굴복하지 말아야 하며, 집단원들이 자신의 감정, 사고, 견해를 가질 수 있는 권리를 존중
해야 한다. 더불어, 집단이 자신들의 독특한 문화를 창조할 수 있도록 교류할 수 있는
기회를 부여하고, 집단의 과제수행을 돕는 행위와 방해하는 행위를 구별할 수 있어야
한다.

3단계: 조작적 집단이마고

조작적 집단이마고는 집단원이 상담자의 이마고에 어떻게 적용할 것인가 하는 지각에 따라 한 단계 더 적응한 것이다. 이 단계에서의 시간 구조화는 게임이다. 터크만[Tuckman]은 이 단계를 규범화단계로 칭했다. 이 단계에서는 집단 내 정서나 응집력이 발달하며 저항이 극복된다. 새로운 규칙이 개발되고 새로운 역할이 주어지기도 한다. 집단과제 수행 과정에서 친밀하고 개인적인 견해들이 표출된다.

이 단계에서 집단이마고의 진전은 집단응집력의 개발로 나타난다. 이때 게임이 활발히 나타나고 라켓에 대한 인내의 수준도 결정된다. 상담자의 어려움은 각본재연이나 '지금 여기'에 입각한 사회적 기술의 학습을 통해 해결될 수 있다. 이 단계에서는 최고 수준의 게임이 이루어지기도 하지만 통찰을 획득할 기회도 된다.

이 단계에서는 집단의 규범을 건설적으로 지지하는 행동을 모방하고 대인관계기술을 증진시킨다. 게임이론을 소개하고 집단원 간에 어떤 게임이 표출되어 왔는지, 집단이 이런 게임의 표출을 어떤 방식으로 조장했는지 피드백을 줄 수 있다. 이 단계에서도 집단이마고는 상담자의 이마고에 적응하여 수정해 나간다. 상담자는 모델링을 격려하고 집단의 가치에 적응하는 심리적 메시지를 전달한다. 따라서 집단상담가는 규범화에 대해 솔직하게 질문하는 집단원에게 스트로크를 주고, 집단규범을 개발하며, 파괴적인 집단원을 배제하거나 타 기관에 의뢰해야 한다.

4단계: 재적응 집단이마고

재적응 즉, 이차적으로 적응된 집단이마고는 최종단계에 이른 것으로 집단원은 자신의 독특한 성향의 일부를 버리고 집단응집력에 적응한다. 터크만^{Tuckman} 은 이 단계를 '수행의 단계'로 지칭했다. 집단이 이 단계에 이르면 자신의 과제 수행을 위해 효율적으로 기능하게 되며 현실에서 일어나는 문제들을 해결할 수 있게 된다. 집단원 간의 친밀은 더욱 깊어진다. 이 단계에서 상담은 자율적으로 진행되고 상담자는 성숙된 집단을 바라보며 즐길 수 있게 된다. 상담자는 집단원에게 칭찬과 긍정적 스트로크를 주며 최소한의 통제만 한다. 즉, 집단원이 자신의 과제를 하도록 허락하고, 최소한의 통제만 하며, 존재와 행동에 대해 칭찬할 수 있어야 한다.

5단계: 선명화된 집단이마고

TA집단의 실제적인 상담목표는 집단원의 집단이마고를 선명화하는 데 있다. 집단이마고를 영아기 집단이마고의 사본으로 간주하거나, 아동기의 집단이마고를 재생시키는 것으로 이해함으로써 집단과 집단원들은 자신의 삶을 현시점에 맞게 살도록 한다. 그 결과 과거의 잘못된 경험에서 해방시키는 것이다. 만일 집단활동이 상담, 교육, 조직의 현장에서 성공적으로 수행되었다면 참여자는 더욱 높은 차원에서 기능하고 통합된 것으로 볼 수 있다.

이 단계를 터크만 [Tuckman] 은 '애도의 단계'라 명명했다. 이 단계에서 집단의 공통적인 과제는 종결이다. 심리적으로 집단은 이별을 다루어야 하고, 이에 따르는 슬픔에 대해 작업해야 한다. 집단활동을 통해 터득한 기쁨과 환희를 나누기도 한다. 따라서 축제의 단계이기도 하다.

TA 집단상담가는 집단원의 이별이 건설적인 경험이 되도록 도와야 한다. 상담자는 통합된 어른 자아상태를 활용하여 집단경험이 일상생활에서 도움이 되도록 도와야 한다. 일상에서 각본에 의한 이별의 고통 대신, 현 시점에서의 긍정적인 체험을 학습하도록 해야 한다. 만일 상담이 성공적으로 이루어졌다면 집단원이 지니고 있던 집단이마고는 사라지고 현실에 맞는 집단관계 즉, 대인관계를 형성하게 될 것이다.

이 단계에서 상담자는 집단원이 각자의 방식대로 슬퍼하도록 허락하고, 종결과 함께 현실적인 미래계획을 수립하도록 도와야 하고, 양가감정을 표현하도록 한다. 더불어 종결의식에 대해 숙지하고, 개별화와 통합화 및 일반화에 초점을 맞추도록 한다.

TA 집단상담의 기법

질문 Interrogation

집단지도자는 집단구성원이 어른 자아상태(A)에서 말한 계약목표를 달성하도록 돕기 위해서 임상적으로 유용한 특별한 점을 확인, 기록하기 위해 질문한다. 예를 들어 "당신이 최근이나 지금-여기에서 조금 부족하다는 느낌이나 생각이 들 때, 어린 시절 부모님에게 들었던 말 중 생각나는 것이 있나요?"라는 질문을 함으로써 집단구성원은 자신의 A상태에서 현재와 관계된 지난 시간들에 주의를 기울이게 하는 것 등이다. 이때 질문은 강압적이어서는 안 되며 항상 강조하듯이 집단지도자와 집단구성원이 상호 A 상태에서 신중하게 이루어져야 하므로 내담자의 어른 자아가 대답한다는 확신이 들 때 사용한다.

구체화 Specification

구체화는 TA집단지도자가 내담자의 특정 정보를 범주화하는 것이다. 그것은 내담자가 동의하는 것일수도 있고("그러니까 당신은 언제나 비싼 것을 사는군요."), 정보를 주는 ("그것은 당신 안의 작은 소녀에 가까운 것이네요.") 것일 수도 있다. 목적은 내담자의 마음이나 내담자의 마음에 있는 특정 정보를 고쳐서(보다 명확히 하여) 후에 좀 더 결정적인 치료 활동(인지, 정서, 행동의 변화)으로 옮겨 가기 위함이다. 구체화가 내담자에게 주는 영향은 질문기술과 비슷하다. 예를 들면 다음과 같다.

• A로 반응하는 것: "그것 참 흥미 있네, 전에는 그렇게 생각하지 못했는데…….."
• P로 반응하는 것: "그것 참 미숙하군, 혹은 정말 바보 같은 소리네."
• C로 반응하는 것: "당신이 또 맞았군! 혹은 그렇지는 않지…….."

동시에 TA집단지도자는 집단구성원이 한 말에 대해 확인하고 집단구성원 스스로 책임질 수 있도록 돕고자 할 때 이 반응을 사용한다. 이것은 집단구성원이 한 반응을 특별한 범주 혹은 유목에 넣고 구체화하는 기술이다. 예를 들면 어느 집단구성원이 "아내와 이번 주 동안 잘 지낼 것입니다."라고 말하였다면 집단지도자는 "아내와 잘 지낸다는 것은 구체적으로 어떻게 하겠다는 것인가요?라고 반응함으로써 집단구성원이 한 반응을 실제적이고 생활 속에서의 행동과 관련된 범주에 넣어서 명확히 하는 것이다.

직면 Confrontation

직면은 내담자의 여러 가지 측면의 모순(불일치)을 초래한 P나 C 혹은 오염된 A를 당황스럽게 하기 위해서(흔들기 위해서), 이전에 알게 된 구체적인 정보(내담자가 언급한 말들 등)를 사용하여 현재의 모순(불일치)된 면을 지적하는 것이다. 집단구성원은 자각되거나, P, A, C 에너지가 균형을 잃고, 그리고 동시에 에너지 집중의 재배치를 불러올 것이다. 이 재배치가 단지 이전 구성원의 행동과 관련된 부적절한 자아상태를 강화한다면, 직면의 시기와 내용이 좋지 않은 것일 수 있다. 직면의 치료적 목표는 늘 구성원의 A의 오염되지 않은 부분에 에너지를 집중하는 것이며, 달성 여부는 구성원의 사색적 침묵 혹은 통찰적 웃음으로 나타날 것이다.

동시에 직면의 의미는 집단구성원에게 '갈등을 피하지 마라, 변화에 도전하라!'는 의미를 전달하는 개입으로 내담자가 모르고 있거나 인정하기를 거부하는 느낌에 대해 주목하게 하는 TA 집단지도자의 언급이다. 목적은 새로운 변화에 도전할 수 있게 이끌어 주는 것이며 이러한 작업이 효과적이라면 구성원은 지도자의 직면을 수용하고, 자신에 대해 더 새롭고 건전한 시각을 가질 수 있게 된다. 이렇게 함으로써 집단지도자는 집단구성원의 어린이 자아, 어버이 자아, 오염된 어른 자아를 자유롭게 해주게 되고 또 부정적인 인생태도, 각본신념, 게임의 문제점에 대해 각성하고 그것에서 벗어날 수 있게 한다.

실제 TA집단과정에서 직면의 예를 들면, 집단구성원이 "나는 담배를 끊을 수 없어요!" 라고 말할 때 집단지도자는 "나는 담배를 끊지 않겠다고 다시 말해 보시겠어요?"라고 얘기한다. 이 직면은 자아상태의 에너지 균형을 유도하고 재분배시키기 위해 사용된다. 이때 집단구성원이 A로 "내가 또 갖고 있는 힘을 포기하려 하는군!"이라고 통찰력을 얻은 것처럼 말한다면 C에서 A상태로 에너지가 전환되었음을 나타내는 것이다. 효과적인 직면이 되기 위해서는 지도자가 구성원을 대하는 태도가 '나도 OK, 당신도 OK'라는 자세에서 이루어져야 한다. 즉 이것은 구성원의 신념이나 감정, 그리고 행동에 대한 각본적인 패턴과 직면하고 있는 것이지 구성원 그 자체의 존재적 가치를 의심하고 있는 것이 아니라는 것이 전달되어야 함을 의미한다.

설명 Explanation

설명은 집단구성원이 (자신의 내적 에너지에) 다시 집중하게 하고, 자아상태 오염을 제거하고, 내담자의 A를 재조명하고 재교육하는 것을 강화하기 위해서 집단지도자가 사용하는 기술이다. 즉, "그러니까 당신 속의 C가 활동적이 되는 것을 알 수 있고, 그때 당신의 A는 물러나고 P가 그 자리를 차지하고 이런 것이 당신이 아이들에게 소리를 지를 때 나타나는 것을 볼 수 있네요."와 같이 말할 수 있다. 이때 구성원은 자신의 P에서 "왜 우리 애들은 그런 식으로 행동을 할까?" 혹은 C에서 "세상에…. 우리 남편에게 설명해 줘야겠어.", A에서 "말이 되는군." 이라고 반응한다.

동시에 집단지도자가 집단구성원에게 어른 자아 대 어른 자아의 입장에서 가르치는 기술로 집단구성원이 현실 직면을 잘못할 때 효과적이다. 이때 구성원이 적절히 준비되고 그의 A가 귀 기울일 준비가 될 때마다 설명을 사용하고 구성원이 아직도 '네, 하지만…. yes, but', '궁지로 몰기 cornering', 혹은 '덫 trapping' 게임을 한다면, 설명을 사용하지 않는 것이 좋다. 설명은 가능한 짧게 하고 한두 개의 간단한 평서문으로 하는 것이 또 다른 게임을 피할 수 있다. 다음의 내용은 집단지도자가 집단구성원의 A를 강화하기 위하여 명확한 설명으로 격려하는 것이다.

예를 들면, 충동적이고 습관적인 행동에 대한 통제의 어려움을 가진 금연노력 중인 내담자가 자신도 모르게 담배를 피운 것에 대해 TA적으로 설명해준다. "당신은 때때로 당신의 C가 지나치게 활동적이고 에너지를 많이 가져버릴 때 당신의 A가 허약해지고 무릎을 꿇게 되고 아마 그렇게 되면 생각 없이 담배에 손을 뻗어 피우고 있을 가능성이 많겠지요?"라고 말하게 된다.

예시|Illustration

집단지도자는 구성원에게 직면을 제시한 다음, 구성원의 후속 반응을 관찰해야 한다. 집단구성원이 얼마나 받아들이는지 점검하고, 어떤 느낌과 생각이 드는지 공감하려는 자세로 빨리 전환해야 한다. 예증은 성공적인 직면 이후의 비교나 예, 에피소드를 들려 주는 것이다. 즉, 이 예증의 목적은 직면의 효과성을 강화하고 직면을 시킨 집단지도자와 직면을 받은 구성원이 어색하거나 P나 C로 에너지가 이동하지 않도록 구성원의 A를 안정되게 하기 위한 것이다. 보통은 직면이 즉각적으로 성공했을 때 통찰 웃음의 의미 같은 즉각적인 예시가 제공된다. 이런 상황에서 예시는 더욱 웃음을 자극하고 구성원은 그 전의 모순에 푹 빠져 있던 카텍시스로부터 놓여나게 된다. 그 영향으로 구성원의 성격 조직을 느슨하게 하고 나아가 공격받고 있는 영역(이를테면 A)을 재정비하는 것을 촉진 하게 한다.

집단지도자가 부부 문제가 있는 구성원에게 한 직면과 예증

집단지도자는 구성원이 부부 문제가 있었고 집단상담 후 부인과 주 1회 데이트를 하 겠다고 계약하였는데, 다음 회기에 와서 집단원들 앞에서 "바빠서 과제를 못하였습니다!" 라고 하였을 때 이는 분명 집단구성원의 진술과 행동 사이에 불일치가 일어났고, 이에 집단지도자는 그 구성원에게 "당신은 나는 아직 부부관계를 복원시키지 않을 거야! 라고 말하는군요."라는 말로 조정(구체화)할 수 있다. 그리고 나서 "당신이 부인에게 데이트를 신청하지 않고 주저하는 것은 '혹시 신청하였다가 무안하게 거절당하면 어쩌지.' 하는 생각이 들거나, 아직 감정이 남아 있어 진정으로 가까워지기를 원하지 않는 것 아닌가요?"하고 직면한 다음, "이는 마치 격투기 경기 초반에 상대만 잔뜩 노려보고 있는 것과 비슷하군요. 섣불리 주먹을 뻗었다간 상대의 카운터 펀치를 맞고 링 바닥에 나뒹굴어 KO패 당하는 상황이 머리에 잔뜩 펴져 있지요. 아니면 상대가 겁이 나서 격투기 도전을 차일피일 미루는 겁쟁이 도전자처럼 말이죠."라고 할 수 있다.

확인 Confirmation

확인의 중재는 집단지도자가 집단구성원의 A를 안정시키기 위한 것이다. 집단지도자는 직면을 확인하기 위해 더 많은 자료를 제공하여 집단구성원을 격려한다. 이것은 자아 경계와 A의 기능을 강화한다. 집단구성원의 A가 조정력을 발휘할 때 성장을 위한 긍정적인 선택의 기회가 풍부해진다. 이것은 A가 융통성 있게 기능할 수 있도록 가능한 예와 부가적인 설명, 정보 등을 제공함으로써 지도자의 직면에 대한 이해와 자신의 판단에 대한 확신을 갖도록 하는 데 도움을 준다.

민감한 상담자는 무슨 일이 일어나는지 알아차리고, 어린이의 새로운 움직임을 새로운 직면으로 대면할 것이다. ("전에 당신은 복통에 관해 끔찍하다고 했지요? 하지만, 의사를 찾아가지 않았습니다. 지금 의사가 식단조절을 제시하자 '끔찍하다'고 반응하고 있는데, 스스로 식단조절을 늘 하고 있는데 말이죠. 그래서 당신이 늘 '끔찍하다'고 말하고 있음을 확인하게 되는군요.")

확인은 내담자의 부모에게는 어린이 자아가 신뢰받지 못한다는 의견을 입증하는 것으로 들릴지도 모른다. 이런 일이 일어난다면, 어린이 자아는 상담자의 덫에 갇힌 느낌이 들 것이고 이에 분노를 느낄 것이다. 어른 자아에게 확인은 그 논리적 힘 때문에 강화된 효과를 가진다. 어린이 자아에게 있어서 이는 확신을 불러일으키는 상담자의 힘과 기민함을 나타내므로(숨바꼭질 게임처럼) 도취시키고 안심시킬 수 있다. 내담자의 부모 자아가 이를 어린이 자아에 대항하여 사용하거나 어린이가 상담자에 대항하여 사용하는 것을 막을 정도로 내담자의 어른 자아가 강하게 형성되었다면 확인을 사용하라.

원래의 직면 혹은 잇따른 예증이 성공적이지 않다면 확인을 사용하지 마라. 혹은 내담자가 '하지만…', '궁지로 몰기', 혹은 '덫' 게임을 하고 있어도 안 된다. 혹은 당신을 우쭐하게 만드는 경우도 안 된다. 내담자의 인내력을 시험하지 않으려면, 이걸로 내담자에게 잔소리하고, 몰아대고, 괴롭혀서는 안 된다. 내담자의 반응을 시험하기 위해 잠정적으로 확인을 때때로 사용하라. 혹은 간접적 교류로써, 다른 내담자의 반응을 시험하기 위해 혹은 그에게 간접적으로 다가가기 위해, 혹은 내담자와의 관계를 명확히 하기 위해 사용해야 한다.

해석 Interpretation

해석은 구성원이 자신의 문제를 새로운 각도에서 이해하도록 그의 생활경험과 행동의 의미를 설명하는 것이다. 지도자의 관심사에 따라 다른 양상이나 수준으로 제공할 수 있으며 지도자가 집단구성원에게 자신의 참조체제를 받아들이라고 강요하는 것이 아니라 구성원이 자신의 문제에 대해 좀 더 다른 시각, 좀 더 넓은 시각으로 바라보게 유도하는 것이다. 또한, 해석으로 인해 구성원이 깨달음을 얻게 되면 자신에게 원인이 있었음을 알게 되고 그것은 인간적 성숙의 밑거름이 된다.

지도자가 집단구성원에게 자신의 준거틀을 받아들이라고 강요하는 것이 아니라 구성원이 자신의 문제에 대해 좀 더 다른 시각, 좀 더 넓은 시각으로 바라보게 유도하는 것이다. 또한 해석으로 인해 구성원이 깨달음을 얻게 되면 자신에게 원인이 있었음을 알게 되고 그것은 인간적 성숙의 밑거름이 된다.

해석의 과정

- 해석을 위한 기초자료 수집단계로 구성원이 했던 말과 행동들을 하나씩 살펴보고 과거력을 살펴보면서 연결점을 찾으며, 해석의 타이밍을 생각해보아야 하는 단계이다.
- 해석을 제시하는 것으로 협력적이고 부드러운 자세로 해석을 제기하는 단계이다.
- 해석이 잘 되었을 경우 구성원은 통찰을 얻게 되고, 해석이 잘 안 되었다면 부작용이 생길 수 있다.
- 해석을 철저히 규명하고 그 후속 반응을 관찰하는 것이 반드시 필요하다.

예를 들면, 한 여성 집단구성원은 다른 것들 사이에서 으깨어진 고양이 새끼를 돌보는 꿈을 꾸었다. 꿈에 대한 여러 가지 이야기 끝에 그녀는 농담처럼 물었다. "제 꿈을 어떻게 해석하실 건가요, 선생님?" 이것은 구성원이 한때 '정신의학'과 같은 꿈 해석 타입 게임을 했었다는 것을 가리킨다. 그러나 이런 유감스러운 듯한 그녀의 질문은 A가 자리를 잡았다는 뜻이다. 상담자는 이것을 놓치지 말아야 한다. "으깨진 고양이 말인가요? 예전에 낙태했다는 말을 하지 않았던가요?" 그녀는 코를 훌쩍인다. 침묵 후에 그녀는 "그래요." 또 침묵, 그리고 "난 언제나 고양이보다는 개를 원했지요." 코를 훌쩍임은 C에서 하는 행동이다. 그녀의 낙태에 관해 누군가가 책임을 추궁해 주기를 기다리던 오랜 시간이 끝이 난 것이다. 그녀의 낙태가 "문화"적으로 승인된 것이기 때문에 아무도 그녀에게 책임을 묻지 않았다. "그래요."는 그녀의 A로부터이고, 그 뜻은 "그 행동으로 인해 나의 C는 얼마나 죄책감과 긴장을 느꼈는지 그래서 아무 일이 없었던 것처럼 하는 것보다 뭔가를 하는 것이 이젠 준비가 되었어요."라는 뜻이다. "나는 언제나 개를 키우고 싶었어요."라는 뜻은 "난 이제 낙태에 대해 P의 비난에서 자유롭고 고양이를 돌보면서 더 이상 속죄할 필요 없이 내가 늘 원하던 개를 키울 것이에요."이다.

구조적으로, 해석은 어린이 자아의 병리를 다룬다. 어린이 자아는 냉담한 형식으로 상담자에게 과거 경험을 제시한다. 상담자는 이를 해석하고, 해독하고, 왜곡을 교정하고, 내담자가 경험을 재구성하도록 돕는다. 여기서 오염되지 않은 어른 자아는 가장 소중한 동맹이다. 부모 자아는 해석에 대항하여 유혹적 영향력을 행사한다. 어른 자아는 이를 살펴보고, 가능한 현실에 대항하여 이를 시험한다. 어린이 자아는 이를 피하려 하는데, 이는 모든 만족뿐 아니라 그를 지켜보는 부모의 보호를 빼앗는 위협이 되기 때문이다. 전형적 상황에서, 이는 상담자의 어른 자아에, 그리고 내담자의 부모와 어린이에 대항하는 내담자의 어른 자아를 더한 것이다. 그래서 내담자의 어른 자아에 에너지가 더 분명히 더 많이 집중되면 될수록, 성공 기회는 더 많아질 것이다. 상담자의 어른 자아도 이와 마찬가지일 것이다. 각 단계에서 어린이 자아는 부모를 공격하고 동시에 예전 만족을 포기하는 것, 혹은 상담자를 공격하고 동시에 새로운 만족 가능성을 포기하는 것 사이에서 선택을 해야 한다.

결정화 Crystallization

TA상담의 목적은 상담자가 자신의 A로 내담자의 A에게 명료한 선언을 하여 내담자로 하여금 선택을 할 수 있게 하는 것이다. 예를 들면 '지금부터 당신은 당신이 원한다면 게임을 더 이상 하지 않겠다는 선택을 할 수 있습니다.'라고 하는 것이다. 이 시점에서 해석을 같이 곁들이는 것도 가능하며 바로 이 시점에 TA상담의 목적이 이루어지게 된다. TA는 환자를 낫게 만드는 것보다 A로 선택할 수 있는 지점까지 내담자를 데리고 오는 것이다.

상담자가 존재하는 것으로 내담자는 다른 선택을 한다. 상담자는 그저 내담자가 선택이 가능하도록 할 수 있게 만드는 존재이다. 그러나 상담자는 자신의 P에 있는 편견을 갖고 말하지 말아야 한다. 그렇게 되면 상담자가 내담자에게 더 나은 결정을 충고하게 된다. 만약 상담자가 전문적 충고를 넘어서면 상담자는 부모의 위치에 가게 되고 내담자의 선택은 더 이상 A에서 나온 것이 아니라 C의 반항이나 불만에서 나온 행동이다. 이런 것은 '결단'이 아니라 '결심'일 뿐이다. 그리고 결국 모든 결심은 깨지고 만다. 오직 A의 결정만이 지켜질 수 있다.

논리적으로 말하면 내담자가 "내가 더 나은 결정을 해야 하나요? (내가 잘했어요? 혹은 이게 맞아요? 등등. 이것은 C에서 나온 것이다.)"라고 하면 맞는 답은 "아니요."이다. 만약 치료자가 '네'라고 하면 내담자의 결단은 더 이상 그의 것이 아니다. 만약 치료자가 '아니요.'라고 하면 자율적 결정이 더욱 활성화된다. 그러나 내담자가 A에서 결단을 내릴 수 있는 지점에 도달하기 전에 아무도 이런 것을 해서는 안 된다.

내담자가 앞의 상담단계들에 의해 적절하게 준비가 되면 그의 A는 명료화를 열성적으로 받아들인다. 그것이 그동안 내담자가 기다린 것이다. 이 단계에서 내담자의 P와 C는 좋은 상태가 되고 C에서도 역시 명료화를 반갑게 받아들인다. 그러나 C는 여전히 예전의 방식을 버리고 새로운 방식을 취하는 것에 대한 두려움과 돌아가고픈 향수 또한 가진다.

C가 정말로 버려야 할 것은 그간 잘못해온 P이다. 그러므로 명료화에 대한 P의 반응은 마흔 살의 아들이 자라서 집을 떠나 결혼을 하겠다고 했을 때 엄마의 반응과 비슷하다. 내담자는 어찌할 바를 몰라 서둘러 상담자의 말을 좇아가거나 아니면 즉각적으로 아파 버린다. 상담자는 C가 건강해지려고 할 때 P의 격분을 극복해야만 한다. 만약 신체화의 증상을 마지막 싸움의 무기로 사용하려 하는 상황이 생기면 어려워지고 위험해질 수 있다. 이것이 마지막 결단을 내담자에게 그대로 남겨 두는 이유이기도 하다. 만약 몰아 붙이면 내담자는 다리를 부러트리거나 위궤양이 생길 수도 있다. 만약 그대로 남겨 두면 적절한 시간이 되면 알아차리고 스스로를 구하게 된다. 결국 상담자가 내담자에게 자립의 시기를 알려주지만 실제로 떠날 시기는 내담자가 결정한다. 명료화에 관한 주의사항을 제시하면 다음과 같다.

내담자의 어른뿐 아니라 어린이 그리고 특히 부모 자아가 적절히 준비되었다는 확신이 들 때 명료화를 사용하라. 내담자가 신체화 증상의 재개 신호, 혹은 자신이나 타인들의 신체화 증상에 대한 특이한 관심, 혹은 분명한 위험 상황으로 몰고 갈 우울증이나 갑작스런 용기를 보인다면, 명료화를 사용하지 마라. 그가 단지 스스로를 위험에 노출한다거나 신체화 증상을 가질 것이라고 위협한다면, 때때로 명료화를 사용하라. 그럴 때는 회기 초기에 이를 사용하고 결과적으로 나타날 P의 반응에 주의하라. 이를 능숙하게 다룰 치료적 능력을 최대한으로 동원하라. 경고하건데, P로부터 나오는 C의 결심과 A의 결단을 혼동하지 마라.

역할 연기 | Role playing

집단장면에서 역할 연기가 유용하게 사용된다. 이것은 집단의 다른 집단원들이 특정 집단원이 문제를 겪고 있는 자아상태의 역할을 수행해 줄 수 있기 때문이다. 뿐만 아니라 집단원들은 다른 집단원들과 더불어 자신이 실제 사회에서 수행해 보고 싶은 특정한 행동을 연습해 보고 피드백을 얻을 수 있다.

자기표현에 대해 책임지기

이 기술은 집단원에게 자신의 감정이나 행동에 대하여 책임을 부여하는 것이다. 사람들은 종종 책임지는 것이 싫음을 위장하기 위해서 교묘한 언어를 사용하는 경우가 있다. 그 예로서 "할 수 없다."라는 말을 한 집단원이 하였다면, 이것은 종종 "하지 않겠다."라는 말을 위장하기 위해 한 말일 수도 있어서 자신의 책임을 회피하려는 행위가 될 수도 있다. 이에 집단지도자는 "하지 않겠다."라는 진정한 자기감정을 표현하게 함으로써 각 집단원이 스스로 선택하며 자신의 행동에 대한 책임감과 통제감을 가지도록 도와준다.

뜨거운 자리 | Hot seat

개인의 자아각성을 촉진시키기 위해 활용되는 기술로서 먼저 집단원에게 '뜨거운 자리'에 대해 설명을 해주고 나서 해결하고 싶은 문제가 있는 집단원으로 하여금 집단 지도자와 마주 보이는 빈자리에 앉게 한다. 이때 빈자리가 바로 '뜨거운 자리'가 되는 것이고 흔히 '도마 위에 앉은 식'의 장면이 연출되는 것이다. 뜨거운 자리에 앉은 집단원은 자신을 괴롭히는 특정한 문제에 대해 이야기하게 되며, 집단지도자는 시간의 흐름(10-30분)에 관여치 않고 문제가 해결될 때까지 직접적이고 때로는 공격적인 상호작용을 계속한다. 이러한 상호작용은 문제를 표출한 개인과 집단지도자 사이에서만 일어나며 다른 집단원들은 특별한 허락 없이는 이들의 상호작용을 방해하지 않도록 하는 규칙이 세워진다.

지금 ^{Now}, 어떻게 ^{How}

펄스 ^{Perls} 는 1969년에 게슈탈트 ^{Gestalt} 이론은 '지금'과 '어떻게'라는 두 개의 다리로 서 있다고 말했다. 여기서 '지금'이란 용어는 그 상황에 존재하는 모든 것을 포괄하는 것으로 당장 경험한 내용에 대한 즉각적인 자각을 의미하며 '어떻게'는 감정을 경험하는 방식을 강조하는 것이다. 집단지도자는 집단원들로 하여금 자신의 말 속에 포함된 감정을 이야기하게 한다. 또 집단지도자는 집단원들이 어떤 종류의 감정도 회피하지 않고 그 감정 상태에 머물러 있도록 격려하는 '그 자리에 머무르기'의 기법 ^{stay with it technique} 을 사용하기도 한다. 이 기법의 예를 들면, 공포증을 가진 집단원에게 공포를 일으키는 상황을 회피하는 대신 계속 공포상태에 머물러 있게 함으로써 충분히 공포를 체험하게 하여 공포에 의해 조정되는 대신 공포를 스스로 극복하도록 돕는다.

차례로 돌아가기 ^{Making rounds}

집단지도자가 판단하기에 '뜨거운 자리'에 있는 집단원이 다루는 내용이 다른 집단원들의 참여를 필요로 하는 내용이면, 그 내용에 대해 모든 집단원들이 반응을 하게 하는 기술이다. 예를 들어, 열등의식을 느끼는 한 구성원이 다른 집단원 한 사람 한 사람에게 "나는 못난 사람입니다."라고 말하고 나머지 집단원은 자유롭게 그 사람에게 해주고 싶은 말을 하는 기법이다. 이 기법을 통해 그 집단원은 주어진 상황에서의 특별한 기분이나 느낌, 몸 감각을 의식하며 동시에 이전에 자신이 수용하지 못했던 여러 가지 측면들을 자각하고 직면하게 된다. 즉, 이 기법은 집단원으로 하여금 점차적으로 자기 자신의 다양한 면들을 발견하도록 함으로써 자아발견을 학습하게 하는 기법이다.

신체언어 Body language

집단원은 문제를 표출하기 위해서 신체언어나 몸짓을 사용하게 된다. 이러한 신체적 언어나 몸짓이 집단지도자에게는 주의해서 관찰해야 할 주요한 단서가 되며 그러한 단서들을 집단원에게 지적해 준다. 이런 지적은 집단원으로 하여금 자신의 행동의 의미를 스스로 파악할 수 있게 하므로 집단지도자의 해석을 불필요하게 한다. 예를 들면, 어떤 사람이 입술을 꽉 물고 있다면 집단지도자는 그 사실을 지적하되 그 구성원의 행동을 해석하지는 않고 그 집단원 스스로가 자신의 행동의 의미를 이야기하도록 한다. 게슈탈트 주의자들은 신체언어를 중요시하며 마음과 신체가 강하게 상호 관련되어 있어 마음속에서 일어나는 일들이 신체를 통해 표현됨을 강조한다.

빈 의자 Empty chair 기법

게슈탈트 Gestalt 이론에서 아주 흔히 사용되는 기법이며 집단원으로 하여금 자신의 다양한 정신적인 측면을 다루도록 하기 위해서 계획된 기술이다. 집단원은 빈 의자를 이용하여 자신이 자각하고 있는 자아의 여러 다른 측면을 빈 의자에 투사함으로써 그러한 측면들을 직접적으로 경험하여 감정과 사고의 통합을 촉진시키게 된다. 때로는 의자를 어떤 대상인물로 가정하고 그 인물과 대화를 시도해 보기도 한다.

고마움과 원망을 표현하기

집단원들로 하여금 서로에 대한 원망과 감사를 모두 표현하게 하여 집단 내에서의 성장을 촉진시키는 기술이다. 이렇게 함으로써 각 집단원들은 다른 성원들과 항상 긍정적으로만 혹은 항상 부정적으로만 접촉하고 있는 것이 아님을 알게 되고, 동시에 자기 자신에게도 다른 집단원들이 싫어하는 면과 좋아하는 면이 동시에 존재하고 있음을 인식하게 된다.

질문형을 진술형으로 바꿔 말하기

사람들은 정보획득을 목적으로 질문하지 않고 자신의 느낌을 분명히 밝히기 어려울 때 질문을 사용하게 되는 경우가 있다. 이러한 질문은 의미전달과 정직한 의사소통에 있어 방해요인이 된다. 예를 들면 한 집단원이 "나의 문제는… 한 데서 발생하는 것 같아요."라고 이야기했을 때, 다른 집단원이 "당신은 그것이 정말 당신 문제의 원인이라고 생각 하십니까?"라고 질문을 할 수 있는데 이 질문은 표면상 정직한 질문으로 보이지만, 실제로는 집단원의 문제에 대한 견해에 대해 반대한다는 뜻을 포함하고 있는 것이다. 이때 집단지도자는 질문을 한 사람으로 하여금 질문을 진술형으로 바꾸어 자신의 의견을 직접적으로 표현하도록 돕는 역할을 한다.

역할전환 Role reversals

집단지도자는 집단원에게 평상시의 행동유형과는 정반대로 행동할 수 있음을 이해시키기 위해서 역할전환의 기술을 사용할 수 있다. 예를 들어 거절을 못하고 극도로 남을 기쁘게 해주려고 애쓰는 사람에게 자기주장훈련을 시킴으로써 자신의 일부분으로서 자기주장의 측면이 있음을 새롭게 수용하도록 돕는다.

미완성의 과제 완성하기

이 기술은 과거의 일을 현재의 사고와 감정 속에서 회상하는 기술이다. 게슈탈트 ^{Gestalt} 이론에서는 개인이 과거에 충분히 깨닫지 못했던 슬픔이나 분노, 상실감 등을 미완성의 과제로 보고 있으며, 이런 미완성의 과제들은 개인의 배경으로 남아 개인에게 자각되지 못한 채 접촉기능을 방해하게 된다. 그러므로 집단지도자는 집단원으로 하여금 미완성 과제들을 전경으로 다루어 그러한 과제들을 완성시키도록 돕는다.

어버이 면접^{Parental interview}

이 기술은 빈 의자 기법을 활용하여 구성원이 가진 어려움과 연관된 반복적인 내사와 관련 있는 실제 부모인물을 밝혀내고 내사된 내용을 완전히 표출시켜 구성원이 그것을 더 잘 자각하고 언제 방해하는지 인식할 수 있도록 해주는 기술이다. 이를 통해 집단원은 부모인물로 인해 힘들었다는 것을 인정하고, 세대 간에 걸친 좋지 못한 결과를 분리할 수 있다. 이 기술의 전개 과정은 다음과 같다.

- 부모인물(아버지나 어머니)이 빈 의자에 앉아 있다고 상상해보시기 바랍니다.
- 아버지를 묘사해보시기 바랍니다. 아버지의 이름, 입고 있는 옷, 머리 스타일, 어떤 자세를 취하고 있는지, 목소리 톤, 제스처, 얼굴 표정 및 개인적인 특성 등. P는 현재의 부모가 아닌 과거의 어느 한 시점에서의 부모로서 묘사하기
- 이제 빈 의자로 옮겨 앉아 아버지가 되어 보시기 바랍니다. 다음의 기억회상을 촉진 시켜 주는 질문을 P에게 함으로써 내담자가 그 역할을 잘 하도록 조력하기
  - 이름은 어떻게 되십니까?
  - 나이가 몇이신가요?
  - 어디에 살고 계십니까?
  - 당신의 삶에 대해서 이야기 해주시겠습니까?

빈 의자 기법의 빠른 효과를 보고자 한다면, P에게 과거의 이야기를 현재시제로 이야기하도록 유도하여 대화를 현장감 있게 진행하도록 하며, 항상 P를 이름으로 불러야 한다.

- 다음에 그 내사된 부모와 과거의 집단원 간의 관계에 대해 적당한 치료적 질문을 던진다.
- P에게 깊이 공감해준다. 그들의 삶의 정황 내에서 상황을 이해하려고 노력한다. 일단 집단지도자와 집단원 사이에 이러한 공감대가 형성되면 변화가 일어나게 된다. P는 보통 부드러워지며 집단원에 대해서는 공감적으로 말한다.
- 이 같은 대화로부터 집단원에 대한 P의 메시지가 집단원의 잘못이 아니라, 자신의 힘겨운 싸움의 결과라는 것이 분명해지면 P의 대화를 끝내고 작별을 고한다.
- 집단원으로 하여금 원래 자기의 의자로 되돌아가게 한다.
- 들었던 내용에 따라 자신의 경험을 탐색한다.

참고문헌

강진령(2015). 집단상담의 실제(2판). 학지사.

김진숙, 유동수, 전종국, 한기백, 이동훈, 권경인 공역(2015). 집단상담 과정과 실제(9판).

박종삼(2015). 상담, 교육, 조직 장면에서의 TA집단의 활용. 2015 한국교류분석상담학회 추계
학술대회자료집.

제석봉, 최외선, 김갑숙, 윤대영 공역(2012). 현대의 교류분석.

Berne, E. (1966). Principles of group treatment. New York: Oxford university press.

Corey, M., Corey, G., & Corey, C. (2014). Groups: Process and practice (9th). Cengage Learning.

Stewart, I. & Joins, V. (1987). TA Today: A new introduction to transactional analysis. Lifespace
publishing.

Yalom, I. & Leszcz, M. (2005). The theory and practice of group psychotherapy (5th ed.). New
York: Basic Books.

Chapter 2

교류분석 집단상담의 실제

집단상담에서 TA이론을 이해하고 활용하고자 하는 노력은 우리나라 TA상담전문가들에게 매우 중요한 의미를 지니고 있다. 고전적인 정신분석이론에 근거를 둔 TA이론이 개발되면서부터 '개인중심 치료 형식 individual therapy modality '에서 '집단중심 치료 형식 group therapy modality '으로 전개되게 된 배경에는 TA창시자인 번 Berne 의 고전적 정신분석이론에 대한 인본주의적 humanistic , 실존적 existential 철학이 있다.

오늘날 TA집단을 상담 현장에서 활용함에 있어서 번 Berne 과 그의 동료들이 개발한 TA 이론체계'의 '통합적 정체성'을 어떻게 TA 집단상담에서 유지해 나가느냐 하는 것은 매우 중요한 실천적 과제이다. 우리는 지금까지 순수한 TA 집단상담 전문가로 훈련을 받은 경우도 있으나 대개의 경우 우리는 다양한 '집단이론과 실제'를 학습하고 실천해온 배경을 갖고 있다. 그러므로 초기 TA이론의 확립과 확장에 기여한 이론가들이 소개한 TA 집단상담의 '정체성'에 대한 이해는 TA 집단상담 활용에 큰 의미를 부여한다고 하겠다. 이에 Chapter 2에서는 교류분석 집단상담의 정체성, 교류분석 집단상담에서 추구하는 내용 및 집단 운영 기법을 살펴보고, 에릭 번 Eric Berne 의 집단실제와 TA이론 정립에 크게 기여하였고 에릭 번 추모학술상 Eric Berne Memorial Award 을 수상한 이론가들 중 클로드 스타이너 Claude Steiner 의 TA집단, 뮤리엘 제임스 Muriel James 의 재양육 reparenting TA집단, 메리 & 로버트 굴딩 Mary & Robert Goulding 부부의 재결정 TA집단을 중심으로 살펴보고자 한다.

교류분석 집단상담의 정체성

번 Berne 과 TA집단 이론과 실제의 개발

번 Berne 이 TA이론을 창시하게 되는 배경 중에는 복잡한 인간관계와 오랜 역사에 근거하여 심리사회적 psycho-social 문제를 가진 개인을 정신과 의사가 단독으로 정신분석을 하는 것은 치료에서 많은 한계성을 가질 수 있다는 인식이 자리 잡고 있었다. 또한 기존의 '전통적 정신분석적 방법과 무의식 이론'에 입각한 문제의 원인을 분석, 규명함에 있어서도 보다 효과적인 방법이 있음을 발견하게 되었다. 그것은 무의식밖에 있는 의식의 세계, 곧 자아 기능 ego function 을 통해서도 심리문제의 원인을 더 효과적으로 단기간에 발견하여 치료할 수 있다는 새로운 '아이디어'들이 있었다. 그것은 인간들 간의 '교류 transaction '에서 보다 더 생생한 원인의 자료를 발견할 수 있다는 이론이었다 박종삼, 2015.

번 Berne 은 인간이 사회적 존재임을 인정하고, 인간의 심리사회적 문제의 근본 원인이 실제 삶의 현장인 사회에서 더 명확하고 신속하게 발견될 수 있다고 확신했다. 사회의 가장 기초적인 단위는 '집단 group '이다. 그는 인간이 출생으로부터 사망에 이르기까지 타인들과 '교류 transaction '를 하면서 사랑을 주고받으며 존재한다고 믿었다. 동시에 인간 정신과 행동의 이해는 반드시 사회적 관계망 속에서 이루어져야 하며, 고전적인 개인 단위의 정신분석 '패러다임'은 지나치게 인위적이 된다든가 특수한 개인과의 '전이 transference '에 한정되어 문제의 본질을 파악하는 데 한계성이 있다고 확신하였다. 그 결과 번 Berne 은 그의 TA이론을 개발한 동료들과 '사회정신의학 social psychiatry '이라는 혁명적인 개념을 소개하였다.

이러한 신념 하에서 번 Berne 의 정신과 훈련은 정신의학의 사회적 성격을 강조했던 폴 페던 Paul Federn 이나 에릭 에릭슨 Erik Erikson 하에서 철저한 훈련을 받았고, 군에 입대하여서는 정신과 의사로 '집단치료'의 방법을 사용하면서 그의 TA집단치료 이론을 발전시켜 나갔다. 그의 초기 저서들은 대부분 'TA 집단이론'과 관련이 있다. "A Laymen's Guide to Psychiatry and Psychoanalysis" 1957, "The Structure and Dynamics of Organizations and Groups" 1963, "Principles of Group Treatment" 1966, "What Do You Say After You Say Hallo" 1972 등을 들 수 있다. 이러한 과정과 결과물들을 보면 이미 번 Berne 은 전통적인 개인 정신분석방법을 떠나 TA집단접근 방법에 크게 비중을 두었음을 알 수 있다.

　이러한 역사적 배경에는 번 ^{Berne} 의 TA집단이론 정립에 부침과 고통이 있었다. 처음에는 다행스럽게도 번이 근무했던 자이언 ^{Zion} 정신과 병원에서 번의 TA집단치료를 허락했다. 이로써 많은 인턴과 레지던트, 그 외 심리사회치료와 관련된 심리학자, 임상사회사업가, 보호관찰사, 성직자, 정신과 간호사들에게 TA이론과 TA집단치료에 대한 강의와 교육 그리고 훈련을 시켰다. 그러나 이러한 그의 개방적 교육, 훈련 방법은 기존 정신분석학계로부터 더욱 심한 비난을 초래하게 하였다. 그 결과 번의 TA집단치료 프로그램은 자이언 ^{Zion} 정신과 병원에서 진행을 하지 못하게 되었고, 번도 TA집단치료를 하면서 많은 시련을 겪었다. 이미 1954년 번은 자신의 집단치료에서 TA이론 적용이 무언가 잘못된 것 같다는 것을 토로하기도 했다. TA가 주로 사용했던 정신내적인 ^{intrapscyhic} 것을 다루는 측면에서 번이 바랬던 집단성원 간의 '전이 ^{transference}'가 일어나지 않고, 치료자와 집단성원 개인 간의 '전이'만이 일어나고 있다고 실토하였다. 또한 1960년경에는 자이언 ^{Zion} 정신과 병원에서 번의 TA집단훈련을 받았던 '레지던트들'이 번의 치료방법에서는 '정신분석'이 충분히 나타나고 있지 않다는 불평을 공개적으로 했다. 번 $^{Berne, 1954}$ 도 '자기가 TA집단과 무엇을 하고 있는지 모호하다.'라고 했고, 번은 한때 TA집단치료에 대해서 매력을 상실하기도 했다. 그리하여 1960년 초기 TA집단치료는 자이언 ^{Zion} 정신과 병원에서 완전히 사라지게 되었다. 그럼에도 불구하고 번 ^{Berne} 은 근무지를 옮겨 맥올리 ^{McAuley} 정신과 병원에서 TA집단치료 이론과 실천을 계속 발전시켜 나갔다.

　번 ^{Berne} 의 공개적인 교육, 훈련은 많은 사람들이 근무지에서 시간의 제약을 받았기 때문에 교육생들의 요구에 의해서 번의 아파트 사무실에서 저녁시간에 모이게 되었다. 이로써 임상사회사업가, 간호사 등 많은 인접학문의 전문가들이 TA집단훈련을 받게 되었다. 이 훈련모임은 'Tuesday Evening Meeting'이라는 명칭을 갖게 되었고, 후에 샌프란시스코 사회정신의학 $^{San Francisco Social Psychiatry Seminar, SFSPS}$ 이라는 단체가 창설되었다. 초창기 이론개발에 협력한 제자동료들은 오늘날의 TA이론을 완성한 TA거장들로 구성되어 있었다. 클로드 스타이너 $^{Claude Steiner}$, 잭 듀세이 $^{Jack Dusay}$, 스티븐 카프먼 $^{Stephen Karpman}$, 프랭클린 언스트 $^{Franklin Ernst}$, 재키 리 시프 $^{Jacqui Lee Schiff}$, 로버트 앤 메리 굴딩 $^{Robert and Mary Goulding}$ 등은 초창기 '화요저녁모임'의 성원들로, 번이 사망한 이래 많은 새로운 이론들을 개발하여 오늘날 TA집단치료의 기반을 마련하였다 $^{박종삼, 2015}$.

TA 이론체계와 TA 집단이론

수많은 근래 TA이론가들 중에서 TA집단이론을 검토함에 있어서 주목할 만한 TA 이론가는 "TA Today"를 공저한 이안 스튜어트 [Ian Stewart] 와 밴 조인스 [Vann Joines] 라고 생각한다 [박종삼, 2015]. 그들은 TA이론을 종합적으로 제시함에 있어서 Personality (Ego State Model), Communication (Transaction, Strokes and Time Structuring)의 기본개념을 소개한 후 세 개의 중요한 범주로 TA이론을 포괄하여 소개하고 있으며 이것은 TA집단 실천가에게 집단과 집단성원의 심리사회문제를 이해하는 이론적 체계를 제시해 준다. 네 가지 중요한 범주와 그것에 해당한 TA이론들은 다음과 같다.

- 첫째, 우리 자신의 생활이야기를 작성하기: Script, Injunction and Decisions, Drivers and Miniscript 등.
- 둘째, 우리의 '각본 [Script]'에 맞게 세상을 뜯어 맞추기: Passivity, Discounting, Frame of Reference and Redefining, Symbiosis 등.
- 셋째, 우리의 각본신념을 정당화하기: Racket and Game, Stamps, Racket System 등.
- 넷째, 변화: Contracts for Change, Aims of Change, TA in organization and Education.

이 두 이론가들은 TA이론은 일상생활에서의 실제 문제와 정신질환에 이르는 다양한 심리, 정신적 문제를 해결하는 이론으로 상담/심리치료, 교육, 조직의 장에서 활용되며, 개인적, 집단적 접근에 의해서 개인, 대인관계, 소통 등을 이해하는 데 유용한 이론체계라고 했다. 이들은 TA실천에서 집단활용을 강조하고 있다. 상담은 물론 특별히 교육과 조직의 실천현장에서도 TA 집단이론의 선택을 강조하고 있다.

TA치료집단의 독특성

집단이마고

우리는 Chapter 1에서 집단이마고에 대해 살펴보았다. 번[Berne, 1963]은 개인이 출생하여 성장하면서 갖게 되는 다양한 대상과 관계에 대한 이미지가 축적되고 이것이 개인의 요구, 경험, 소망, 정서에 기초하여 형성되는 '개인적 구조[private structure]'로 통합되어 이것이 집단 안에서 경험되는 '집단이마고'로 존재한다고 했다. 그러므로 '집단이마고'는 집단 전개의 여러 단계와 다양한 집단의 성원에 따라서 다르게 인식된다고 했다.

사실 ITAA에서는 TA심리치료와 TA상담이 나뉘어져 있지만 우리나라에서는 통합하여 사용하고 있고 집단적용면에서도 통합하여 사용한다. 이러한 맥락에서 집단이마고라는 독특성은 집단심리치료 쪽에 가깝다. 이에 집단상담과 집단치료의 명확한 구분을 이해하는 것이 필요하다. TA연구들에 의하면 효과성, 윤리, 그리고 기관의 면에서 상담과 치료의 경계를 정의내리는 것에 대한 어려움을 여러 저자들이 밝히고 있다[Grégoire, 1998]. 다른 저자[Fassbind-Kech, 2011; Tudor, 1997]들은 이들 영역 간에 선형적이고 경직된 경계를 가지는 것은 영역과 적용이 너무 위축될 수 있다고 하였다. 그러나 TA 집단상담 연구자뿐만 아니라 훈련생들에게 집단상담 과정과 윤리를 정의하고, 방법론, 그리고 계약적 경계를 사용하여 확실한 뼈대를 제공하는 것이 도움이 된다고 하였다[Vinella, 2013]. 표 2-1은 집단 상담과 집단심리치료의 다른 점에 대해 보여준다. 따라서 우리는 이러한 차이를 인식하면서 집단상담과 집단치료를 함께 병행한다.

표 2-1. TA 집단상담과 TA 집단심리치료의 차이

	TA 집단상담	TA 집단심리치료
목표	예방, 의사소통을 원활하게 하기 위해, 자신의 관계 방식의 자각을 높이기 위함	치료/돌봄, 자율성
지도자	경청가, 촉진자	고치는 사람
계약	집단계약을 나눔	집단과정 안에서 개인 계약
전략단계	동맹/오염제거/재교육	동맹/오염제거/혼란을 줄여줌/재교육
집단종류	주로 사람들의 사회적 카테고리에 관한 동질성	정신병리에 관한 이질성
집단의 역할	지금-여기에서 관계 촉진	전이와 집단이마고 발달 측면의 강화

TA 집단상담의 주요 목표는 집단원들 간의 의사소통의 증진, 의사소통 스타일(스트로크 경제, 교류, 게임, 드라이버 등)의 자각을 발달시키고 정서의 조절과 표현을 가능하게 하고 [Cornell & Hine, 1999] 내담자의 자원을 발달시키고 스트레스를 예방하는 것이다. 지도자는 집단원들 사이의 의견을 교환하는 것을 용이하게 하며 계약이 분명하게 정의되고 어른 자아기능을 기본으로 타인과 교류하면서 이러한 양상은 더욱 쉬워지게 된다.

TA집단치료에서는 에릭 번이 시행하였던 질문, 구체화, 해석, 직면, 삽화, 확인, 예시를 사용하여 어른 자아의 경계를 강화하고 명확하게 하는 것을 목적으로 [Berne, 1966 p 242] 어른 자아기능의 자각수준을 끌어올리고 상담계획을 따라오게 하는 것이 목적이다. 에릭 번은 해석을 어린이 자아의 병리적인 부분을 다루기 위해 사용하였으며 과거 부모와의 경험을 해독하는 것을 통해 혼란에서 벗어나는 것을 목적으로 하였다 [Novelline, 1990 p 128].

치료자는 거기-그때와 지금-여기 사이의 연결을 만드는 것에 해석을 사용할 수 있다. 이와 같이 그것은 치료적 계약과 계획, 전이현상과 연결된 것의 특정한 능숙함을 암시하고 있다. 동시에 구체화는 내담자의 오염을 제거하는 단계에서 자각을 강화하는 지지 기술로 사용될 수 있다. 지도자가 일관성을 가지고 집단계약, 집단분위기 그리고 집단의 기대와 더불어 선택한 자극활동을 통해 도움이 되는 지지를 제공할 수 있다. 목적은 집단원들의 의사소통 스타일, 정서, 다른 행동을 위한 전략을 반영하는 것을 목적으로 한다.

사실 TA연구에서 집단상담과 집단치료의 차이에 대한 연구 논문은 몇 되지 않는다. 하지만 이 두 분야가 명확하게 경계가 나뉘지 않는다 해도 TA의 적용방법론은 집단상담과 치료의 목표를 성취하는 데 효과적이라 할 수 있다.

TA치료집단 실천에서 개인치료와 집단치료의 혼합

TA집단치료에서는 집단이 하나의 개인 같이 '하나의 전체로서 집단 group-as-a-whole '을 중심으로 집단에 속한 개인의 최적의 치료를 도모하게 된다. 이것은 집단 안에서 최상의 치료 효과를 하도록 집단역동을 활용하는 것이다. 집단발달단계에 따른 능숙하고 효율적인 집단운영은 심리치료와 변화를 초래함에 있어서 가장 중요한 요인으로 간주되고 있다. 여러 단계의 '집단이마고'를 어떻게 집단지도자가 처리해 나가느냐가 관건이다.

집단응집력 cohesiveness, 보편성 universality, 집단지도력의 분산 decentralizing, 그리고 집단성원들 간에 자유로운 교류를 향상시키는 개입은 집단으로 하여금 긍정적인 환경조성으로 집단역동을 활성화시키는 데 크게 공헌할 수 있다. 예로써 TA집단에서는 집단이 시작할 단계나 종결하는 단계에는 개인보다는 집단에 주목할 필요가 있다 Kapur and Miller, 1987, p 299. 어떤 집단에서는 개인의 목적을 성취시키기 위해 집단의 목적을 피할 수도 있다. 집단 안에서 어떤 성원의 치료와 변화가 일어나는 것을 보고 성원들 사이에서 유사한 치료와 변화가 일어나기도 한다.

많은 경우에 TA집단치료는 집단의 역동성 안에서 개인의 집단이마고를 변화 시키면서 집단은 치료의 증인이 되어주거나 개인 성원의 변화에 대한 긍정적 스트로크를 제공하게 된다. 또한 개인 성원이 집단지도자와의 '전이' 또는 '집단이마고' 표출뿐만 아니라 다른 집단성원들과의 사이에서 표출되는 다양한 '집단이마고'를 체험하게 함으로써, 개인의 사회심리문제의 '전체성'을 볼 수 있게 하는 기회를 제공하게 한다. TA집단치료에서 생기는 '집단이마고'는 첫째, 집단 개인 성원과 집단 전체 둘째, 집단 전체와 개인 성원 셋째, 집단과 개인 성원이 함께 이루는 세 가지 종류가 있다. 집단지도자는 상기한 세 가지 범주 사이에서 생길 수 있는 다양한 '집단이마고'들에 대해서 충분한 이해와 TA집단이론과 실천의 기법을 터득해야 한다.

이상의 TA집단이론이 상담, 교육, 조직의 실천 현장에 따라서 어떠한 특성을 나타나고 있는가의 문제는 앞으로 계속 임상연구를 통해서 세분화 시켜 나가야 할 과제이다. 그러나 일반적인 집단치료와 개인의 치료, 변화에 관한 원칙은 TA집단치료 실천의 세 장면에 적용될 수 있다고 본다. 물론 상담, 교육, 조직에서 TA집단을 활용할 때 각 영역의 '목표'가 어떤 것인가에 따라서 TA집단기법은 구체적인 차이성을 나타낼 수 있을 것이다.

교류분석 집단상담에서 추구하는 내용 및 집단 운영 기법

TA개인상담과 달리 TA 집단상담은 실시의 목적과 방법에 따라 유형을 달리하며 TA 치료자들의 역할도 다른 점들이 있다. 맥닐 [McNeel, 1975] 은 TA의 중심기법을 중심으로 인지적 기법(이해 중심)과 경험적 기법(재경험 중심)으로 분류하였다. 본 장에서는 TA이론을 근거로 하는 집단상담을 실시할 때의 기법 유형 3가지와 TA집단지도자의 역할에 대한 이해를 제공하고자 한다.

인지적 기법 중심의 집단상담

맥닐 [McNeel, 1975] 은 에릭 번 [Erick Berne] 의 TA의 중심기법들인 강의, 해석, 설명, 계약하기 등의 방법을 인지적 기법 [cognitive technique] 이라 하였다. 번 [Berne, 1958] 의 고전적 TA의 심리치료 및 상담기법은 번이 제시한 4가지 분석과정을 인지적인 측면에 중점을 두어 출발하였다 [Shapiro, 1968; James & Jongeward, 1971; Goulding, 1972]. 1957년 11월 미국 집단치료 학회 서부지회에서 있었던 번의 교류분석법 [transactional analysis; TA] 에 관한 최초의 강연에서 TA의 4가지 분석과정들이 제시된 이래로 임상적 실제에 있어서 주로 TA의 주요개념들의 강의 및 학습을 포함하였다. 번 [Berne, 1961, 1964, 1966] 은 4가지의 분석과정들을 거치면서 어른 자아 [Adult] 의 혼합이 해제되고, 게임적 의사교류가 멈추게 되며, 또한 인생각본으로부터 자유로워지게 됨으로써 TA의 궁극 목적인 자율성의 회복 혹은 획득이 가능한 것으로 보고 네 가지 과정을 통한 분석 자체에 치중함으로써 인지적, 사고적 측면을 강조하게 되었다.

이와 같은 TA의 과정은 성장 및 변화의 방법으로서 집단구성원의 인지적 수준의 이해에 초점을 두었다. 이제까지 TA에 관한 실증적 연구들에서 사용된 TA프로그램의 유형들을 살펴보면, 인지적 기법을 주로 활용하는 번의 인지적 TA (혹은 이해중심 TA) 프로그램에 관한 연구들로 굿스타인 [Goodstein, 1971], 패튼 [Patton, 1974], 카스웰 [Carswell, 1975], 코프랜드 [Copeland, 1975], 파인 [Fine], 코벨 [Covell] 과 트레이시 [Tracy, 1978], 제스네스 [Jesness, 1975], 가더스 [Gathers, 1977], 인터러쿰너 [Intarakumnerd, 1976], 토머스 [Thomas, 1978], 올우드 [Allwood, 1981] 등은 이해중심 TA 프로그램을 활용한 것으로 그 효과성을 보고하고 있다.

그러나 TA가 어떤 면에서는 얼스킨 [Erskine, 1975] 이 지적한 것처럼, 비록 정서, 인지, 그리고 행동의 모든 측면을 통합한 접근의 형태로 보인다고 할지라도 번 [Berne] 의 TA치료 및 상담의 과정에서는 TA의 주된 개념들에 관한 강의와 분석의 과정이 중심되고 있으며, 또한 집단구성원의 행동변화의 중간목표로서 TA의 세 가지 자아상태들 가운데서도 현실적 사고와 합리적인 기능 작용을 특징으로 하는 어른 자아 [Adult] 의 기능강화를 강조하는 것 등으로 인하여, TA의 실제 상담과정에서는 보다 지적인 이해와 통찰을 지향하는 인지적 접근으로 치우치게 될 소지를 지니고 있다는 사실 또한 부정할 수 없는 것 같다. 결국 이와 같은 TA의 과정은 성장 및 변화의 방법으로서 집단구성원의 인지적 수준의 이해에 지나치게 의존함으로써 집단구성원이 자신의 감정을 경험하고 변화시킬 수 있도록 도움받기는 힘들 것이라는 비판이 대두되었다 [Shapiro, 1969; Corey, 1977; Prochaska, 1984]. 그래서 번 [Berne] 의 TA가 행동의 분석과 이해를 위한 합리적 도구를 제공해 주는 것으로 보고 있는 TA치료자들 중의 일부에서도 이와 같은 비판을 인정하고 있다.

경험적 기법 중심의 집단상담

맥닐 McNeel, 1975 은 집단구성원으로 하여금 감정을 경험하게 하는 것으로 보이는 펄스 Perls, 1951 의 게슈탈트 치료 Gestalt therapy 의 의자 기법과 같은 역할 연기와 환상 기법 등을 경험적 기법 experiential technique 이라 하였다. 여기서 경험적이라 함은 과거의 묵은 감정들을 머리로 상상하거나 생각하고 각성하는 것에 그치는 것이 아니고 역할 연기를 통해서 지금-여기서 그대로 재경험한다는 것을 뜻한다.

듀세이 Dusay, 1977b 는 "The evolution of transactional analysis"라는 논문에서 TA의 발달 과정 중 특히 1960년도의 10년간은 TA가 내담자의 지적인 측면에만 호소한 감이 있고, 정서적 혹은 감정적인 측면들은 소홀했다는 사실을 인정하기 시작하면서 TA는 보다 개방적인 자세로 다른 심리치료 접근들로부터 정서적 측면들을 다룰 수 있는 기법들을 수용, 보완해 왔다고 진술하고 있다. 그 예로써, 제임스 James 와 존게워드 Jongeward, 1971 그리고 굴딩 Goulding, 1972 의 경우를 들 수 있다. 제임스 James 와 존게워드 Jongeward 는 정서적 측면의 치료적 기법들을 보완하기 위하여 감정을 포함하는 과거의 경험을 지금-여기서 재경험 하게 하는 자기내적 및 타인과의 대화의 한 모형인 게슈탈트 치료의 '빈 의자' 기법 혹은 '두 의자' 기법 등의 역할 연기법의 활용을 제안하고 있으며, 메리 굴딩 Mary Goulding, 1972 과 굴딩 부부 Goulding ,1979 는 이들을 더 적극적으로 수용하여 번의 인지적 TA와 게슈탈트 치료의 기법들을 결합한 새로운 TA의 접근방법으로서 1차적으로 만성적인 부정적 감정 racket 의 해결을 시도하는 재결정치료 redecision therapy 의 과정 및 기법들을 제안하였다.

TA의 인지적 차원에의 지나친 강조에 대한 비판과 보완의 추세로 나타나는 것으로 보이는 인지적 기법과 경험적 기법을 결합한 인지-경험적 TA (혹은 재경험중심 TA) 상담 성격의 연구들은 녹스 Knox, 1973, 리버먼 Lieberman, 얄롬 Yalom 과 마일스 Miles, 1973, 맥닐 McNeel, 1975, 베이더 Bader, 1976, 스타시우 Stasiw, 1977, 칸 Khan, 1982 등이 있다. 이들은 재경험중심 TA상담을 적용한 결과, 효과가 있는 것으로 보고하고 있다.

통합적 기법(인지·정서·행동) 중심의 집단상담

상담 및 심리치료의 이론 및 방법에 있어서 로저스[Rogers, 1942]나 펄스[Perls, 1951]처럼 인간의 정서적 측면에 초점을 둔 접근이 있는가 하면, 엘리스[Ellis, 1962]나 벡[Beck, 1976]처럼 인지적인 면을 우선적으로 다루어 온 접근들이 있고 또한 울페[Wolpe, 1958]처럼 행동적인 측면의 변화에 초점을 둔 접근들이 있다. 그러나 최근에 보다 더 효과적일 수 있는 심리치료 및 상담의 방법으로 주창되고 있는 것이 인지, 정서, 그리고 행동적 접근들의 통합적 접근이다. 특별히 리버먼[Lieberman], 얄롬[Yalom], 그리고 마일스[Miles, 1973] 등은 210명의 피험자들을 대상으로 한 18개의 참만남집단[Encounter group]들에 관한 광범하고 종합적인 연구의 결과에 근거해서 정서적 면과 인지적 면의 양쪽 모두의 중요성을 강조했다. 그들은 적절한 정서적 자극과 더불어 최대의 인지적 피드백을 주는 치료자들이 가장 좋은 결과들을 얻었다고 진술하고 있다. 성격심리학자 퍼빈[Pervin, 1984]도 인간의 행동 변화는 심리적 기능 작용의 다양한 영역에서 일어나기 때문에 인지적 면이나 정서적 면 가운데 어느 한 면만의 강조는 일어날 수 있는 변화를 간과할 수 있다고 하면서 절충적인 심리치료 및 상담의 필요성을 시사하고 있다. 이밖에도 폰조[Ponzo, 1976], 넬슨-존스[Nelson-Jones, 1984], 그리고 프로차스카[Prochaska, 1984]는 인지, 정서 및 행동적 접근들의 통합의 필요성을 주장하고 있으며, 또한 그러한 입장에서 개인적, 집단적 상담모형들을 제안하고 있다.

한편, TA에 있어서 인지적 경향을 띤 번[Berne]의 TA방법과 정서적 접근을 강조하고 있는 게슈탈트 주의의 방법들의 결합을 시도한 굴딩[Goulding, 1972]은 번[Berne]과 마찬가지로 개인의 자율성 혹은 인생각본으로부터의 해방은 인생초기의 잘못된 결정들[decisions]에 의한 것으로 보고 있으나 그 잘못된 결단들을 해결하는 방법 면에서는 번의 입장과 달리하고 있다. 그러나 굴딩[Goulding]은 게임 및 인생각본으로부터의 해방을 통한 개인의 자율성 증대나 기타 부적응 행동의 해결을 위해서는 인생초기의 잘못된 결단에 대한 현재의 재결정[redecision]이 필요한데, 그것은 초기 결정의 과정에서 어린이 자아[Child]가 경험한 감정들을 지금-여기서 재경험함으로써 가능하다고 보았다[1972, 1979]. 그것은 초기의 결정들은 사고 측면에서보다는 오히려 감정 측면에서 이루어진 것으로 보기 때문이다. 그래서 굴딩 부부[Goulding, 1979]는 치료과정에서 사고 측면보다 오히려 감정 측면을 강조하며 만성적인 부정적 감정들[rackets]을 찾아내는 데 초점을 두고, 포착된 감정들을 재경험할 수 있게 돕는 방법으로서 게슈탈트 치료의 환상 기법이나 의자 기법들을 활용한다. 그러나 그들은 감정의 취급과 함께 지적, 합리적 사고활동이 병행될 때 치료의 효과를 더욱 높일 수 있다고 봄으로써 치료계약 이전에 가르친 TA개념들을 치료 과정에서 활용한다[Goulding, 1972].

또한 아벨 [Abell] 과 아벨 [Abell, 1976]은 최적의 변화를 위해서는 지적 이해 자체만으로는 충분하지 못하다고 그의 임상경험을 토대로 하여 주장하면서 그 이유는 이미 학습된 행동들 가운데서 많은 것들은 지적 수준보다 더 깊은 내면적인 수준으로 볼 수 있는 정서적 수준에서 애초에 학습된 것이기 때문이라는 것이다. 또한 이러한 보다 깊은 감정들의 문제는 게슈탈트 치료의 빈의자 기법들을 통해서 해결될 수 있음을 시사하고 있다. 한편, 맥닐[McNeel, 1975]과 코리[Corey, 1979]에 의하면, 펄스 [Perls] 의 빈 의자 기법은 내담자들이 부모나 혹은 그들이 자랄 때 그들과 관계를 가졌던 인물들과 묵은 갈등을 해소함에 있어서 보다 구체적으로 도움을 얻을 수 있는 방법이며, 특히 빈 의자 기법은 구조분석과 효과 있게 병용될 수 있는 방법으로 보고 있다. 이렇게 볼 때, 인지적 기법이 중심이 되는 이해중심 TA프로그램의 효과가 부정되는 것은 아니라 할지라도 행동의 인지적인 면과 정서적 면을 함께 다룰 수 있는 인지 -경험적 기법이 보다 효과가 있을 것으로 생각된다.

앞서 살펴 본 TA에 관한 선행연구들에 의하여 제기된 문제점들 가운데 하나가 상담 기간이 짧다는 것이었다. 가즈다[Gazda, 1984] 의 집단상담 연구문헌에 관한 분석결과에 의하면, 한 회기 당 시간이나 전체 상담시간의 수(상담기간)가 증가되어 가는 추세들 보인다. 1938-1976년의 시기에는 상담기간의 평균시간 수가 15시간이었으나 1976-1982년 시기는 19시간으로 증가된 것으로 보고 있다. 그는 이러한 상담기간의 시간수의 증가이유를, 연구에서 의미 있는 행동 변화를 가져오려면 아무래도 실험처치 기간이 길어야 하기 때문이고, 또한 상담효과가 있는 것으로 보고되고 있는 1일, 2일 혹은 3일간의 짧은 기간에 12시간, 24시간, 48시간 혹은 51시간 등 [Yalom, 1975; Goulding, 1978] 으로 처치시간을 집중화하고 있는 마라톤 상담집단의 영향으로 볼 수 있다고 하였다. 한편, TA선행연구들에서도 효과가 있다는 연구들 [Goodstein, 1971; Knox, 1973; Friday, 1975; McNeel, 1975; Stasiw, 1977; Allwood, 1981] 등에서 사용된 시간(약 12-40시간)이 효과가 없다는 연구들 [Bloom, 1974; Posmer, 1976; Adams, 1982] 에서 사용된 시간(7½-16시간)에 비해 대체로 긴 편이고, 효과가 있다고 보고한 연구들 중에서도 굿스타인 [Goodstein, 1971] 과 녹스 [Knox, 1973] 의 상담집단은 12시간의 마라톤 집단이었으며, 맥닐 [McNeel, 1975] 의 2박 3일의 주말 집중 집단상담이었다.

굴딩 [Goulding, 1978] 과 맥닐 [McNeel, 1975] 등은 2박 3일의 주말 마라톤 집단의 과정에서는 집단 구성원들이 계속 함께 생활하게 되는 51시간(직접 훈련시간은 18시간)이라는 연장된 기간 [prolonged period] 동안에 개입, 자기발견 및 재결정을 위한 자극에 노출되어 있고, 방어 행동의 사용이 쉽지 않으며, 동료들의 압력과 격려에 의하여 자극되고, 특히 활동과정 에서 얻게 되는 인정들을 통해서 이러한 주말 마라톤 집단은 효과적인 행동변화를 가져 올 수 있다고 주장한다.

그러므로 TA마라톤 상담 및 주말 집중 집단상담의 결과들을 통해서 TA의 효과성을 지지해 주고 있는 굿스타인 [Goodstein, 1971], 녹스 [Knox, 1973], 맥닐 [McNeel, 1975] 의 연구들이나 마라톤 상담이 일반 집단상담의 상담기간의 확장에 영향을 미치고 있다는 가즈다 [Gazda, 1984] 의 보고는 인지 중심 TA 집단상담과 인지-정서 중심 TA 집단상담의 한 구성형식으로서 주말 집중 집단상담 형식을 취하여 그 효과성을 확인하고 있다.

에릭 번의 집단실제

에릭 번 Eric Berne, 1961 p165 은 교류분석 Transaction Analysis, TA 을 집단치료의 한 방법이라고 했는데 그 이유는 집단상황 그 자체로부터 끌어낸 합리적이고 고유한 접근이기 때문이라고 소개를 했다. 번 Berne 은 세계 2차 대전 당시 미 육군 병원에서 집단치료를 시작했고 병사들과의 이런 만남은 "치료적"이라고 정부로부터 정식으로 인정을 받았다. 그 뒤로 번은 지속적으로 집단 안에서 그의 환자들을 만나왔다. 이러한 집단 환경과 경험 속에서 TA는 태어났고 집단원들 간에 나타나는 관계역동에 대한 그의 걸출한 직관과 관찰이 밑바탕이 되어 TA는 치료분야를 넘어서 여러 가지 영역에 널리 적용되어왔다. 1990년 까지는 비심리치료적인 영역은 특별영역 Cornell, 2013 이라 정의되어왔고 오늘날 그것은 세 가지 공식 영역으로 분류되었는데 교육, 조직, 상담 분야이다. 이 세 분야는 각 특별한 목표와 계약들에 근본을 두면서 주요 역량과 방법들을 사용하고 있으며 집단장면에서도 사용된다 Vinella, 2013 p68.

번 Berne 의 집단에서 집단상담가의 자질

TA 집단상담가는 최소한 4가지 이론 즉 성격의 구조와 기능, 교류, 게임, 각본이론에 매우 익숙해 있어야 한다. 집단원들 간의 관계가 활성화되도록 교류와 역동의 교환을 촉진하고 정보를 제공하고 교육 경험 구조, 집단계약, 그리고 집단과정에 초점을 맞춘다. 상담가는 집단 안에서 집단작업을 성취하기 위해서 어떻게 문제를 해결하는지 다룰 수 있어야 한다 Clarke, 1981 pp169-170. TA 집단상담가는 첫 번째 윤리규칙을 마음에 두어야 하는데 그것은 '해를 끼치지 말라 primum non nocere ' Berne, 1966 p62 이다. 번이 우리에게 상기시켜 주는 것은 우리들의 내담자가 다칠 수 있을 때 그것을 알아차릴 수 있는 굉장한 알아차림이다. 그러므로 집단역동을 이해하는 역량있는 TA 집단상담가의 기본은 건강한 공감적 관계를 설정하는 능력과 자신의 집단에서 늘 신선하고 창의적인 작업에 깨어 있어야 한다는 것이다 Berne, 1966.

클라크[Clarke, 1981]는 TA 집단상담가는 반드시 아래의 것들이 가능해야 한다고 하였다.

- 집단 환경과 장면의 구조화
- 집단계약 설립과 계약과 일치된 집단을 이끄는 것
- 집단활동의 결과로 변화를 조성하기 위해 과정계획, 목표수립
- 집단역동을 다룸
- 집단원들 간의 의사소통의 촉진을 위한 자극연습을 선택하고 존중하는 분위기, 장면, 집단의 목표 조성하기
- 공감적 접근을 사용하여 평화롭고 친근한 분위기 건설 촉진하기

동시에 패스빈드 케치[Fassbind-Kech, 2011]는 가장 중요한 집단상담가의 역량을 내담자가 현재 가지고 있는 자원에 초점을 맞추고 파악할 수 있는 능력이라고 하였다.

- TA이론을 사용하여 어른 자아를 활성화시키고 심리 게임을 분석하고 새로운 결정을 향상시키는 것
- 과거로부터 긍정적 경험에 초점을 맞추고 개인의 정체성을 지원하기 위해 현재와 연결을 만드는 것
- 미래에 대한(예: 이미 해결된 문제를 시각화하고 상담가와 함께 해결에 필요한 스텝을 내딛기) 새로운 관점과 생각을 만들기 위해 내담자의 창의성에 초점을 맞추기
- 스트레스 수준, 강점들, 스트레스를 해결하기 위한 개인적 과정의 자각을 높이기 위해 신체자각을 사용하기 또한 상담가는 자신의 한계, 윤리태도의 지속적인 반영, 지속적 슈퍼비전과 동료들과의 의견을 교환하는 것이 그들의 자각을 높이기 위한 것이다.

번 Berne 집단의 예

에릭 번 Eric Berne 은 오염된 인간의 자아를 개선하여 인간관계를 보다 원활하고 친밀하게 하기 위하여 자아상태 중 어른 자아(A)에 중점을 두었다. 번 Berne 은 상담 과정의 첫 번째 단계에서는 우선 내담자가 어떻게 해서 문제 상황에 직면하게 되었는지 이해하도록 도와주었다. 그 후 상담계약을 맺음으로 내담자로 하여금 자신의 오랜 각본양식에서 벗어나 보다 자율적인 인간으로 행동변화를 일으키도록 하였다.

번 Berne 의 집단치료 운영은 집단과정 동안 집단원이 보여주는 집단원들과의 상호작용의 내용은 유아기에 미처 해결하지 못했던 문제 상황들을 재연하는 것에 초점을 두었다. 집단상담가의 역할은 집단과정을 발전시키고 집단성원들로 하여금 자신들이 지금-여기 here & now 에서 표현하고 있는 교류, 게임, 각본 등을 인식하고 자각하도록 도와주어 최종적으로 집단원이 선택을 하도록 데려 오는 것이다.

번의 집단치료 관점에서는 집단원에게 새로운 어른 자아 메시지를 전달하는 것을 집단상담가의 주요기능으로 보고 있다. 크로스만 Crossman 은 상담자의 역할을 효과적으로 수행하기 위해 필요한 허용 permission, 보호 protection, 그리고 역량 potency 등 세 가지를 강조하고 있다 Boholst, 2003. 집단상담가는 집단원의 각본에 내포되어 있는 금지령 injunction 이나 부정적인 부모명령 counterinjunction 에 상반되는 메시지를 전달함으로써 허용하는 부모 자아(P)의 모델을 보여주며, 이렇게 하는 과정에서 내담자의 어린이 자아(C)는 실제로 부정적인 메시지만을 보여준 자신의 부모보다 부모 자아상태에 있는 상담자를 보다 능력 있는 대상으로 인식한다. 집단원 또한 자기 부모의 부정적인 명령에 불복종하게 됨으로써 초래될지도 모르는 곤란한 상황에 대해 집단상담가가 자신을 보호해 준다고 생각하게 된다. 번 Berne 의 이마고 집단은 이러한 과정을 포함하고 있다. 즉 집단원 개인이 자아상태를 이해하고 이러한 자신의 자아상태의 내용이 과거 자신의 가족과의 교류 속에 가졌던 것이고 이것이 집단 속에서 집단상담가나 집단원에게 그대로 투영되고 교류된다는 것을 자각하도록 하고 현실적으로 자신이 어떻게 할 것인지에 대한 선택을 결정화하는 것이 중요하다고 하였다.

사실 번은 초기 집단치료에서부터 인지적 측면의 변화 즉 부모 자아(P)나 어린이 자아 (C)로부터 오염된 부분을 제거하기 위하여 어른 자아를 건강하게 하여 스스로 선택과 결정을 하도록 하였다. 이를 위하여 집단에서 활용하는 상담기술은 질문, 구체화, 직면, 설명, 예증, 확인, 해석, 결정화 기법들이다 [Berne, 1966].

아래의 내용은 이러한 기법들을 집단에서 집단상담가가 집단원에게 적용한 예시이다.

질문 Interrogation

상 : 무엇이 변화되었으면 합니까?

내(사회복지사) : 직장에서 같이 일하는 동료와 잘 못 지내는데, 힘도 들고 관계를 좋게 하고 싶은 것이 이 집단에서 변화하고 싶은 것입니다.

구체화 Specification

상 : 그 동료의 어떤 점 때문에 힘이 드나요?

내 : 그 사람은 일 처리를 굉장히 다른 방식으로 하고 뭐가 잘 안되었을 때 남 탓을 자꾸 하고 분명히 할 수 있는 것도 어렵다 하고 일을 안 하려고 하는 것이 나와 정말 맞지 않아요.

질문 Interrogation

상 : 그 사람에 대해 더 이야기할 것이 없나요?

내 : (망설이다가) 그 사람은 나하고 참 많이 달라요.

구체화 Specification

상 : 어디가 많이 다르다고 생각하나요?

내 : 그 사람은 사실 못 가진 것이 없는 사람이에요. 남편도 좋은 직장에 다니고, 경제력 좋고, 뭐 하나 부족한 게 없는 사람인데 뭣 하러 직장 다니며 힘들어 하나 하는 생각, 그래서 일을 저렇게 하나 하는 생각이 들고…

구체화 Specification

상 : (비언어적으로 공감한다) 내담자와 다르다는 것 중 가장 많이 다르다는 것이 뭐가 있을까요?

내 : 남편의 경제력이요.

상 : 본인의 남편의 경제력은 어떤가요? (여기서 상대에 대한 정보보다 바로 집단원의 문제로 집중한다.)

내 : 15년째 알바하고 있어요. 고시, 공무원 시험이 안되어 뭔가 다른 거 하려고 하다가 준비하다가 또 시험보고, 그러니 번번이 안돼요. 그리고 열심히 안하는 것 같아요. 난 죽기 살기로 하는데, 남편은 나를 믿는지 열심히 안하는 것 같아요. 남편이 정말 답답해요.

확인 Confirmation

상 : 동료를 볼 때 남편이 생각나겠네요.

내 : 네, 그래요. 나와 비교되고 남편에게 뭘 해보라고 하는데 변화하는 것이 없고…

질문 Interrogation

상 : 남편에 대해 말씀해 주실 수 있나요?

내 : 남편의 과거력-알코올중독 아버지 밑에서 여러 여자 형제 틈에 무기력하게 성장, 부인과 대학 캠퍼스에서 만나 적극적인 아내 모습에 반해 청혼해서 결혼하였다.

상 : 네, 그러면 OO 씨에 대해 말씀해 주실 수 있나요?

내 : 내담자의 과거력-지방에서 성장하였고 고등학교 시절 성적은 별로였어요. 서울에 있는 대학 못 간다는 말을 듣고 정말 열심히 해서 서울에 있는 대학을 진학하였죠. 그동안의 내담의 내적 모토는 "죽기살기로 하면 된다."였습니다. 그래서 남편을 몰아부쳤고. 남편은 몰아부침을 당하면 아르바이트도 하고 공부도 하면서 나름 열심히 돌아다녔죠. 남편과 싸우고 게임하고 직장동료 보면 남편 생각이 나고, 불편하고, 편치가 않았었죠.

(내담자가 보이는 드라이버 ; 완벽해라. 서둘러라. 열심히 해라)

직면 Confrontation

상 : 남편의 성장 배경을 보면 이해는 되고 이를 해결하고 싶은데(내담자 A의 오염되지 않은 부분), 상황은 늘 다투고 지시하고 다시 남편이 이해가 안 되고 하는 것을 되풀이 하는군요. 아울러 남편을 인정하는 부분을 인식함에도 불구하고 표현을 하지 않는군요. 여기에는 나의 드라이버를 남편에게 맞추려 한다는 것이죠(남편도 나름 속도가 있고 드라이버가 있는데), 그래서 맞춰지지 않으면 화가 나고…

설명 Explanation

상 : P가 A를 오염시키고 있는 부분(예; 누구나 죽기 살기로 열심히 살아야 된다. 또는 그렇게 하면 못 이룰 것이 없다.) 이러한 부분 때문에 남편을 무조건 열심히만 하면 된다고 몰아붙이고 있을 수 있고 남편의 속도와 큰아이의 속도를 이해하지 못하고 있어요.

내담자의 오염되지 않은 A가 어떤 경우에 오염되어 버리느냐? 이 부분은 P적 내용(예; 누구나 죽기 살기로 열심히 살아야 된다. 또는 그렇게 하면 못 이룰 것이 없다.) 이 작동하면 오염되지 않은 A가 힘을 잃고 C는 어릴 때 자기가 부족하다는 느낌이 들 때 '내가 강함을 보여줘서 부족하지 않다는 것을 증명할 거야.'하는 방식을 지금 재현하고 있어요. 부모에게 보여준 방식이라 할 수 있죠. 이것을 남편과 큰아이에게 보여주고요. 더욱 강하게 자신이 강하고 열심히 사는 것(드라이버)을 보여주고, 그러지 못하는 남편과 큰아이를 부모와 같은 사람으로 보고(이마고) 짜증을 내고 한탄하고 투정하며 잔소리하면서 '나는 늘 강하게 잘 하는데.'에 집착하여 이를 두 사람에게 보여주죠. 직장 동료에게 가졌던 부분이 남편과 아들에게 그리고 그 반대로 그대로 나타나는군요.

예시 Illustration

[내담가 보인 반응('열심히 하면 되는데 안 한다는 게 문제죠.')에 직면을 한 다음, 예증을 한다.]

상 :(OO 씨는 자신이 잘되는 것을 아무 어려움 없이 할 수 있지만 다른 사람은 OO 씨가 잘 하는 것을 가르쳐줘도 금방 그렇게 똑같이 잘 할 수는 없죠.)

마치 부모가 아이에게 자전거를 가르치는 상황이 생각나네요. 부모가 금방 가르치고 나서 금방 가르친 사람의 속도만큼 아이에게 타라고 하는 것과 같다는 생각이 떠오르네요.

확인 Confirmation

내담자가 인식한 부부 문제(자신의 가치관, 준거틀, 내적 통제력으로 강요하는 것)는 많은 부부가 흔히 가질 수 있는 문제죠. 예를 들면 치약 짜는 습관, 양말 벗어 놓는 습관 등에 대한 대처양상 등이죠.

해석 Interpretation

자신의 드라이버를 남편에게 강요하고 있는 부분(서둘러라; 기다리지 못하고 선택해주고, 독촉하고, 열심히 해라; 열심히 하면 안될 게 어디 있느냐, 열심히 안 하니 그렇지), '서둘러라', '열심히 해라'를 강조하면 상대의 잘 되지 않는 부분이 보이게 마련이고 그러면 자꾸 열심히 하라고 종용하고, 또 자신의 경험에 입각해 죽기 살기로 하라고 강요하는 드라이버가 반복해서 나타나고 있는 것 같아요.

결정화 crystallization

롤 플레이(역할극)를 하고 집단원이 A로 선택하게 하는 것(오늘 집에 가서 무엇을 할 것인지, 이제 어떻게 구체적으로 남편에게 할 것인지에 내담자 A로 결정을 명료하게 하도록 하는 것이다.)

추가로 집단상담동안 집단상담가가 TA와 게슈탈트를 혼합하여 전개한 기법

'드라이버, 금지령, 각본, 남편' 이해하는 작업을 병행한다.

내담자와 남편과의 문제 해결에 빈 의자 기법을 사용한다. 상황은 다음과 같다.

> 상황: 남편이 누나 약국에서 일하다가 부인과 싸우고 가출함
>
> 남편 심정-당신 지시, 얼마나 답답하고 막힌 느낌이 들었는지… 힘들게 고생한 것 이야기.
>
> 내담자는 남편 심정을 이해하고 사과한다. 그리고 결정화를 한다.

이러한 번 [Berne] 의 고전적 집단치료방식을 볼리스트 [Boholist, 2003] 는 번 [Berne] 의 방식을 근간으로 하면서 게슈탈트 기법을 적절히 혼용한 5일간 반구조화 TA치료집단을 통하여 자아상태 인식과 자아상태 반응에 대한 효과를 제시하였다. 따라서 여기서는 집단의 효과성이 입증된 것을 토대로 소개하고 한다. 이러한 볼리스트 [Boholist] 의 집단운영에 대한 시간적 절차는 상황과 대상에 따라 융통성 있게 조정 가능할 것이다.

[1일차]

구조 분석 강의와 집단

기본적인 자아상태 인식에 대해 오리엔테이션을 실시한 후, 집단원들 각자가 자아상태를 표현할 기회를 갖는 구조적 활동을 실시한다. 이 과정을 통해서 집단원들은 그들의 자아상태를 최초로 느낄 수 있게 한다.

배제와 오염 강의와 집단

정신병리학적 차원에서 자아상태 간 배제와 오염에 대한 오리엔테이션은 집단원들의 자아상태에서 대상을 어떻게 인식하는지에 관해 이해를 제공한다. 이러한 배제와 오염이 작용되고 공유됨으로써 상대와의 교류가 결정됨을 이해한다. 집단원들은 이것을 자신의 자아상태를 기술함으로써 수행한다.

게임의 개념을 포함한 교류의 다른 유형과 스트로크에 대한 짧은 강의와 집단

이것은 이면 교류에 대한 역할 연기 활동으로 이루어지고, 집단원들 스스로 대본을 쓴다. 카프먼 Karpman 의 드라마삼각형은 집단원들이 연출하는 여러 게임들을 분석할 때 이용된다. 이때 참가자들의 언어로 게임과 관련된 용어나 단어를 바꾸는 약간의 노력이 요구된다.

계약 공식화

계약 공식화와 함께 첫째 날이 끝나는데 계약 공식화는 집단원들이 특이하고 개인적으로 의미있고 실제적이면서도 심리적인 계약을 쓸 것과 과제 수행이 요구된다.

[2일차]

계약 과정

모든 날이 계약 과정으로 지속된다. 각 집단원들이 자신의 계약서를 쓰고 계약서에 서명을 하고 집단상담실의 벽에 계약서를 붙여 놓는다. 그러고 나서 모두가 다른 사람의 계약을 서명하도록 한다. 이것은 집단원들 모두가 변화를 향한 여행을 하면서 서로 "함께" 하려는 의지를 표현하도록 하는 것이다. 이때 집단상담가는 집단원들이 추구하는 변화를 달성하도록 도움을 주기 위해 최선을 다한다는 맹세로서 집단원 각각의 계약에 서명을 한다. 집단상담가는 집단원에게 필요하다고 인지될 때, 집단작업 work 이 이 단계에서 행해진다.

간단한 실례 1 (김=집단원, 상=집단상담가)

김 : 나는 내 감정, 특히 화(분노)에 대한 감정을 표현하고 싶어요.

상1 : 무엇이 당신을 화나게 하나요?

김2 : "내가 뭘 해야 한다."라고 강요하는 말을 들을 때.

집단상담가는 집단에서 김이 무엇을 해야 한다는 말을 듣고 있는 동안, 집단내에서 생각할 수 있는 모든 지켜야 할 사항들 do's and don'ts 을 김에게 말하라고 한다. 그리고 나서 집단은 김에게 그들 자신의 경험에 근거한 "무엇을 해야 한다는 명령 같은 것들"을 퍼붓는다.

상2 : 집단원들이 말한 것에 대해 어떻게 느끼나요?

김3 : 나는 "~해라."라고 강요하듯이 말하는 것을 좋아하지 않아요(목소리가 높아지며).

상3 : 그것에 관해 어떻게 느끼나요?

김4 : 미칠 것 같아요(목소리는 긴장되고 여전히 높은 채로), 나는 내 머리카락을 자르고 싶지 않아요. 난 치마를 입기도 싫어요(고함을 지르며).

상4 : 누가 당신에게 이런 것들을 말해요?

김5 : 어머니요.

간단한 실례 2 (이=집단원, 상=집단상담가)

이1 : 나는 나의 FC를 감소시키고 A를 증가시키고 싶어요.

상1 : 어떻게 해서 A를 증가시키길 원하나요? 그것에 대해 설명해 주겠어요?

이2 : 스스로를 진지하게 만들고 싶어서요 (그녀는 이것을 말하면서 얼굴을 찡그려 보였다).

상2 : 당신이 "진지하게"를 말할 때 얼굴을 찡그린 걸 알아요?

이3 : (웃는다)

상3 : 난 당신의 어린이 자아가 그것을 좋아하지 않는다고 생각해요. 이때 당신의 FC를
      어떻게 느끼나요?

이4 : 내가 진지해지려고 하는 것을 조롱하죠. 이것이 내가 변화고 싶은 거예요.

초기단계에서 계약은 좀 더 진지한 감정 반응 내용을 드러낼 수도 있다. 집단원 이의 시
도는 과거의 어떤 것에서 탈피하고 "성장"하는 것이다. 아직도 그녀(이)는 그녀의 아버지
로부터 스트로크를 받았던 그 시기에 집착하고 있었다. 그녀의 어린아이 같은 행동들은
그녀의 '지속된' 행동 양식이었고 아버지에 대한 기억들을 즐기고 있었다.

이5 : 아버지가 그리워요. 아버지는 이미 돌아가셨는데도요 (그녀는 그런 후 아버지와 함께
      했던 즐거운 추억의 시간들을 차근차근 이야기했다).

상4 : 아버지가 당신에게 즐겨했던 말은 무엇이었나요?

이6 : '인생을 즐겨라', '서두르지 마라', '너무 심각해지지 마라'.

상5 : 당신의 아버지가 되어서 자신에게 그러한 말들을 해 보세요.

이7 : (아버지의 역할을 하고서서) 인생을 즐겨라. 너무 심각해지지 마라.

상6 : 이제 당신은 다시 '이' 예요. 아버지가 돌아가셨기 때문에 그에게 말하지 못했지
      만 하고 싶었던 것들을 말해보세요.

이8 : 아버지, 당신이 그리워요.

뒤이어진 작업은 그녀('이')가 아버지와 함께 보냈던 좋은 시간과 그('이'의 아버지)가
그녀를 어떻게 껴안으며 귀여워했는지, 또 그녀를 어떻게 아기처럼 다루었는지에 대한
그녀의 이야기였다. 꽤 오랜 뒤에 그녀는 성장하고 싶었고 좀 더 책임감있게 되기를 원했
다고 말했다. 그녀는 마침내 그녀의 아버지에게 안녕을 말하고 그의 아기가 되기를 그만
둘 것을 그에게 선언했다.

　다른 참가자들의 계약에서, 자유와 책임은 스트레스가 되었다. 집단상담가는 또한
게임을 하는 것이 내키지 않는다고 표현했고 치료의 목적을 좌절시킨다고 했다. '박'의
사례에서 알 수 있다.

간단한 실례 3 (박=집단원, 상=집단상담가)

박1 : 선생님, 나는 계약하고 싶지 않아요(자신 앞에 있는 빈 문서를 집단 앞으로 내밀었다).
상1 : 오! (중립적으로)
박2 : 난 계약 안 할 거예요.

느낌상 분명한 "Kick Me" 게임이고, 집단상담가는 대신 집단상담가가 그('박')에게 어떻게
반응하는가를 '박'이 역할 연기하기를 권했다. 이것에 대해 그는 즐겁게 협력했다.

박3 : 선생님, 난 계약서를 쓰지 않았어요.
상2 : (촉진자로서) 박, 난 당신이 한 것에 대해 실망했어요.
박4 : 나는 무엇을 하기를 말하는 걸 좋아하지 않아요. 난 계약서를 쓰지 않았기 때문에
　　　당신이 나에게 무엇을 하기를 원하는지 말할 수 있어요.
상3 : (촉진자로서) OK, 그러면 내가 당신을 벌할 거예요.

"Kick Me"게임이 검증되었다. 그것은 그와 함께 논의되었고 그는 통찰력을 가지고 게임의
근원을 탐색했고 다른 행동 선택에 개방적이 되었다.

[3일차]

자아상태 탐색과 피드백을 통한 계약

간단한 실례 1 (민=집단원, 상=집단상담가, 추=다른 집단원)

민1 : '추' 말에 따르면 나는 CP가 우세하대요.

상1 : 그녀('추')에게 명령해봐요. (민은 추를 마주보고 그('민')가 그녀에게 말할 것을 명령했다.)

추1 : 그것은 단지 첫인상이었어요. 난 정말 당신을 잘 몰라요. 난 당신을 꽤 진지하게 봤어요. 당신이 조용해서요.

상2 : 그러면 '추' 당신은 그의 침묵을 비판적이라고 해석했나요? (추는 그렇다고 고개를 끄덕였다.) 당신이 '민'에게 느낀 게 뭐죠?

민2 : 나는 궁금해요.

상3 : '민'은 느낌이 어떤가요?

민3 : '추', 당신이 말한 인상을 난 좋아하지 않아요. 나는 진지하다고 생각하지 않아요.

그런 후 세 명의 다른 학생들도 '민'이 조용하고, 진지하고, 심지어 신비스럽다고 생각한 것을 말했다. 대학시절 때 그들은 프로그램에 함께 했는데, 그들은 '민'에 대해 많이 알 수 있지 않았다고 말했다. 이 피드백을 듣는 동안 '민'은 천천히 쿠션으로 자신을 가렸다. 이것이 주의를 끌었을 때, 그는 말했다.

민4 : 나는 방어하고 싶어요··· 사람들이 나를 그렇게 인식하는 것이 슬퍼요.

상4 : 좋아요(OK). 당분간 나와 함께 지내며 다른 사람이 되어봐요. 이제 거울을 보세요. 당신이 보는 거울 속의 남자에게 말해 보세요. (그는 2분 정도 아무 말도 하지 않았다.)

민5 : 민, 당신 정말 진지하군요. 난 당신을 보고 반갑지가 않아요.

상5 : 스스로에게 명령해봐요.

민6 : 난 스스로가 반갑지가 않아요. 난 스스로가 편하지 않아요.

(이후 민은 그가 유치원에서 배운 농담을 말했던 사건에 대해 이야기했다. 그의 부모님은 그렇게 말하지 못하게 했다. 그는 더 이상 웃는 것을 허락받을 수 없음을 느꼈다. 모두 그들이 신경쓰는 것은 그가 숙제를 마칠 수 있느냐 없느냐 였다. 그들은 종종 그에게 집에 있으라고 말했고 그가 놀고 있는 동안에 그를 꾸짖어 상처를 주었다. 그는 집단역할극에서 그의 어린 시절로 돌아가 부모님에게 만약 그가 원한다면 그가 하고 싶은 것을 하게 해달라고 말했다. 그는 정말로 이 모든 것들을 소리질렀고 이후 집단에게 5학년 이후 처음으로 고함을 질렀다고 말했다. 때때로 한 사람의 자아상태에 대해 이야기하고 피드백 받는 과정에서, 그 사람은 자신에 대한 통찰을 얻고, 무의식적인 지각은 '서'의 사례와 같이 자신에 대해 주어지는 인정으로 나아가게 한다.)

간단한 실례 2 (서=집단원, 상=집단상담가)

서1 : 때때로 나의 자연스런 어린이(NC)는 매우 반항적이 돼요. 부모님이 나에게 오른쪽으로 가라고 하면 왼쪽으로 가고, 왼쪽으로 가라고 하면 오른쪽으로 가요. 나는 정말 그들이 나에게 말하는 것과 반대로 행동해요.

상1 : 부모님들이 오른쪽으로 가라고 하고 당신은 정말 오른쪽으로 가기를 원하지만 대신 왼쪽으로 가는 건가요?

서2 : 그러면 나는 자유를 잃어요. (오랫동안 멈춰서) 따르는 것이 잘못되었다고 생각되지는 않아요.

[4, 5일차]

각본 분석과 재결정

　단순히 좋아하는 동화에서, 잊을 수 없는 부모의 조언에서, 좋아하는 격언 그리고 만약 한 사람의 인생을 영화라고 가정하면 그 영화에 걸맞은 제목에서 한 사람의 인생각본에 대한 자각과 그 사람이 인생을 어떻게 보는지 혹은 그 사람이 인생을 어떻게 만들어 가는지 하는 것은 개인의 자각으로부터 오게 된다.

　이런 일들은 믿을 수 없을 만큼 자주 일어나고 깨달음으로 바뀌게 된다. "세상에… 내가 그것을 정말 좋아할까? 아니야! 난 이것을 정말 좋아해!" 그런 후 그 사람은 금지명령을 무효화시키고 스스로를 위한 재결정을 한다.

간단한 실례 1 (전=집단원, 상=집단상담가, 고= 다른 집단구성원, 우=다른 집단구성원)

전 : 내가 좋아하는 좌우명은 "답을 모른다고 인정하는 것은 강점의 증거다. 모든 것을 다 알지 못한다고 말을 하는 것은 OK 이에요. 모든 답은 모르지만 나는 바보가 아니다."에요.

고 : 누가 당신이 바보라고 말한 사람이 있었나요?

전2 : (끄덕이며) 엄마요.

상1 : 그 당시에 당신이 어머니께 하고 싶었던 말들을 지금 해보세요.

전3 : (엄마에게) 만약 내가 답을 안다면, 나에게 질문도 하지 않았겠죠.

상2 : 엄마에게 더 하고 싶은 말 더 크게 말해봐요.

전4 : 엄마, 난 바보가 아니에요. 당신은 나에게 당신처럼 되기를 기대하는 거예요. 당신은 내가 모든 것을 알기를 바라요. 나는 그게 싫어요!! 난 당신이 내게 바보라고 말하는 게 싫어요.

고2 : 당신이 하길 원하는 게 뭐죠?

전5 : 나는 내가 해결하기 힘들 때면 아버지의 도움을 요청할 거예요.

우 : 만약 아버지가 당신을 돕지 않는다면요?

전6 : 내 스스로에게 그 망할 놈의 답을 찾겠죠. 내가 만약 원한다면 말이에요.

간단한 실례 2 (고=집단원, 상=집단상담가)

고1 : 내가 좋아하는 동화는 '잠자는 미녀'예요(역할 연기에서, 고는 자신을 공주로 묘사했다. 그녀는 아름답고, 성에 살고 마녀로부터 보호받았다. 마녀가 누구 혹은 무엇이냐고 질문했을 때, 그녀는 "내 삶에 있어 두려움이고 도전"이라고 말했다. 그녀의 이야기 중에, 그녀는 이런 두려움으로부터 보호받아야 된다고 말했지만 그녀의 부모님의 과잉보호는 그녀를 숨 막히게 한다고 했다.).

상1 : 그들이 당신을 어떻게 숨 막히게 해요?

고2 : 그들은 가족 문제를 해결할 때 내가 돕도록 하지 않아요. 그들은 스스로 무엇을 할지를 결정해요.

상2 : 그것에 관해 어떻게 느끼나요?

고3 : 그들이 나를 끼워주지 않기 때문에 무시당해요. 그들은 여전히 나를 아기라고 말하고 나는 아직도 경험이 없어요(과정에서 그녀는 또한 그녀의 언니가 그녀가 입을 옷을 골라준다고 했다.).

깊은 잠에 빠진 미녀는 '고' 스스로를 판에 박힌 틀로 여기는 방식이었다. 그녀는 종종 그녀 스스로 결정을 내리는 시간이 올 것을 생각하며 스스로를 위로했다. 만약 그녀 스스로 그것에 대해 아무것도 하지 않는다면 그런 날은 오지 않을 것이고 더 나빠질 것이고 100년을 기다려도 그녀는 그렇게 할 수 없을 것이라고 집단에서 피드백을 받았다. 이것은 그녀가 노력해야 할 것이었다. 즉, 가족 내에서 그녀의 의견을 주장하고(역할극에서 잘 했던 것처럼) 그녀 자신의 옷을 직접 고르는 것이다.

집단치료는 다른 집단원들에게 정신적 스트로크뿐 아니라 육체적 스트로크를 주었고 각각의 집단원들이 받았던 긍정적 스트로크 활동으로 끝을 맺는다. 동시에 자각한 강점을 붙들도록 그들을 격려하고, 어떻게 성취된 계약들을 유지할 것인지를 선택하고 결정화한다. 5일간의 치료집단 동안에 성과가 다소 미흡했던 계약자들에게도 향후 이들의 생활에 미심쩍은 의구심을 갖지 않고 그들의 노력의지에 적극적인 지지와 스트로크를 제공하며 종결한다.

클로드 스타이너의 TA집단

클로드 스타이너 ^{Claude Steiner} 의 TA집단을 살펴보기 전에 스타이너가 오늘의 교류분석에 미친 영향을 간략히 살펴볼 필요가 있다. 클로드 스타이너 ^{Claude Steiner, 1935~2017} 는 에릭 번 추모학술상 ^{Eric Berne Memorial Award} 을 단독으로는 유일하게 두 번 수상한 교류분석이론 정립의 핵심적인 인물이다. "Script and Counterscript"를 TAJ, 5(18), 133-135 (1966)에 발표, 게재하여 Script Matrix 영역에 기여를 인정받아 1971년에 처음 수상하였고, "The Stroke Economy"를 TAJ, 1(3), 9-15 (1971)에 발표, 게재하여 The Stroke Economy이론 정립을 인정받아 1980년에 2번째 상을 수상하였다. 각본과 스트로크 이론 연구로 교류분석 이론의 화려하고 정교함을 확장한 이론가이자 미시간 대학의 임상심리학자이며 에릭 번의 제자였고 나중에는 동료이자 친구 그리고 협력자로서 TA 이론을 정립하였으며 샌프란시스코의 ITAA창립멤버였고 ITAA부회장을 역임하였다. 본 장에서는 클로드 스타이너 ^{Claude Steiner} 가 교류분석이론 중 스트로크 ^{Stroke} 이론을 활용한 정서활용능력훈련 ^{Emotional Literacy Training} 집단과 자아상태(P-A-C 모델)와 경험적 기법을 결합한 'CP 몰아내기' 집단을 소개하고자 한다.

정서활용능력훈련 Emotional Literacy Training TA집단의 이해

정서활용능력훈련 TA집단을 이해하기 위해서는 스트로크에 대한 보다 확장된 지식이 필요하다. 스트로크 이론에서 나오는 중요 개념인 스트로크 경제는 어떻게 해서 나오게 되었고 이 개념이 정서활용능력훈련 TA집단에 어떻게 활용되는지를 살펴본다.

스트로크 경제 Stroke economy 의 출현 배경

1960년대 후반 스타이너 Steiner 와 버클리의 전쟁반대 독일 정신의학자들의 RAP센터 (공짜 클리닉으로 급진주의적 접근)와의 만남을 계기로 스타이너는 RAP센터의 호기 와이코프 Hogie Wyckoff 와 빌헬름 라이히 Wilhelm Reich 이론가가 주장한 섹스경제 Sex Economy 를 보게 되었다. 빌헤름 라이히 Wilhelm Reich 는 1930년대 독일 나치가 민족 아리안의 계통을 이어야 한다며 성적 억압과 조절(예; 아무하고나 성관계하지 마라! 비록 사랑하는 사람이라도, 같은 혈통만 결혼하고 성관계하라.)정책에 반대하였다. 라이히 Reich 는 성 억압의 증상이 파시즘이라는 우월적 배타성과 감정의 메마름, 공격성으로 나타난다고 믿었고 나치가 의도적으로 독일 청년들을 그들의 파시스트에 순응하게 하려는 목적을 가지고 성생활을 통제한다고 하였다. 이러한 성적 억압은 신경증만 유발하고 양산하게 되므로 성생활을 죄책감 없이 자유롭게 적극적으로 갖자고 주장하였다.

1936년 빌헬름 라이히 Wilhelm Reich 가 성적 혁명 Sexual Revolution 을 저술하고 나치에 대항 하고자 사회주의자 연합을 통해 성상담과 연구를 위한 센터를 설립하였으나 히틀러가 득세하며 문을 닫게 되었다. 스타이너 Steiner 는 라이히 Reich 의 주장과 토론을 보면서 인간의 성 sexuality 에 너무 초점을 맞추면 인간을 지나치게 리비도적 libido 인간으로만 조명하게 될 위험성과 뭔가 부족하다는 것을 인식하였고 스타이너 Steiner 는 스트로크도 성 sex 과 마찬 가지라고 생각하였다. 문화에 의해 사랑과 스트로크 교환이 억제되는 것을 보았고 이의 폐해를 강조하였다. 성 경제 sex economy 가 문화 안에도 일어나므로 따라서 스타이너 Steiner 는 스트로크 경제 Stroke Economy 로 이름 붙여 라이히 Reich 의 견해를 공유하였다.

스트로크 경제 Stroke Economy 를 만들어 내는 힘은 두 가지이다 Steiner, 2009.

- 첫째, 개인 내부적 요인으로 인간의 내부에 자리잡고 있는 CP적 내용(예; 어린 시절 받아 온 자극 중 가장 강력한 부정적 영향을 주는 것으로 부모와 형제, 친구, 이웃 사람들, 친구 부모 등에 의해 강조되는 말 즉 비난, 놀림, 조롱, 단정 등)이다.
- 둘째, 외부적 요인으로 사회적 문화적인 측면에서 CP적 내용으로 동의, 허락하지 않는 것(예; 가볍게 보이지 말아야 하고, 위계가 분명해야 하고, 체면 생각해야 하고 등)이다. 스타이너는 RAP센터에서 스트로크 시티 프로그램 Stroke City Program 을 만들어 약 20명 정도를 일주일에 세 번, 오후에 2시간씩 운영하였고, 집단 내에서 자연스럽게 스트로크를 교환하고 자신이 영향을 받고 있는 CP 갖다 버리기, 치료자의 보호 protection 를 받아가면서 CP에서 자유로워지고 편안하고 건강하고 행복함을 느끼도록 시도하였다.

스트로크 중심의 정서, 사랑에 관한 TA적 사실

스트로크 중심의 정서와 사랑에 대해 스타이너 [Steiner] 는 사랑은 인간관계에서 핵심적인 힘이며 기본적인 사랑의 교류는 긍정적인 스트로크라고 강조하였고 그리하여 스타이너는 이에 대한 내용을 6가지로 정리하였다 [Steiner, 2009].

- 첫째, 사랑의 결핍은 "스트로크 경제규율"의 결과이고 사람들이 지속적으로 무기력, 우울, 두려움, 무망감을 느끼도록 비판적인 부모 자아로부터 강요된 것이다.
- 둘째, 스트로크에 배가 고픈 사람들은 그들이 긍정적인 스트로크를 얻을 수 없을 때는 정서적으로 쇠약해지는 부정적 스트로크라도 구하고 받아들인다.
- 셋째, 부정적 스트로크는 게임을 할 때 발생하는데 게임의 기본적인 세 가지 역할은 구원자, 박해자, 그리고 희생자 역할을 한다.
- 넷째, 각본을 지속하기 위해 각본을 지원하는 게임을 반드시 하게 된다. 스트로크 경제규율을 타파하는 것은 긍정적인 스트로크를 자유롭게 주고받는 것을 배워서 스트로크의 원천으로 게임이 필요 없게 만든다. 이것이 각본의 기초를 약화시키고 뒤집는 것을 가능하게 한다.
- 다섯째, 스트로크 경제규율로부터 자유로워지기 위해서는 비판적인 부모 자아의 영향을 고립시키고 제거해야 한다. 그렇게 해야 개인이 가지고 있는 선천적인 사랑의 힘을 발달시킬 수 있다.
- 여섯째, 협력적이고 민주적 사회 환경의 근원인 사랑은 개인적 힘, 희망, 안전함의 강력한 협력자이다. 반대로 힘을 남용하고 힘을 사용하는 것은 무력감, 불안감, 미움 그리고 두려움을 일으킨다.

Emotional Literacy Training

Emotional Literacy Training[ELT] 의 기본적 가정은 다음과 같다.

- 건강한 사람은 정서적으로 관심이 있고 책임감 있고 감정에 대한 능력이 있고 다른 사람을 어떻게 느끼게 하는지에 대한 책임을 진다.
- 정서적 정보는 상호 의사교류에 매우 중요하게 영향을 미친다. 그것 없이는 교류의 절반만 아는 것이다.
- 효과적인 상호 의사교류는 생산적인 사람과 개인의 힘에 필수적이다. 이러한 기본적 가정 하에 원칙을 만들고 EL을 개발하고 TA에서 적용을 하였다.

Emotional Literacy and TA

Emotional Literacy[EL] 교류증가를 위한 네 가지 단계는 첫째, 허가 둘째, 스트로크 셋째, 정보(행동, 감정, 동기) 넷째, 책임감(배상하기)이다.

이에 대한 간략한 설명은 다음과 같다.
- 허가: 정서적인 교류가 관여되는 것에 대해 허가 구하기와 정서적인 교류과정에 대한 동의이다.
- 스트로크(마음의 열기): 우리에게 혹은 타인에게 긍정적 스트로크 주기, 스트로크를 구하기, 스트로크를 받기 혹은 원하지 않으면 거절하기이다.
- 정보(행동, 감정, 동기): 감정을 가지는 것(a. 판단 없이, 비난 없이, 그들의 행동이 우리에게 끼친 감정을 말하기, b. 수치, 죄책감, 화를 옆으로 치우고 우리의 행동이 상대에게 어떤 감정을 일으켰다는 것을 방어 없이 받아들이기)과 두려움과 의심(a. 그들의 행동이 두려움과 의심(편집 환상)이 우리 사이에서 만들어 내었다는 것을 비난이나 판단 없이 말한다. b. 방어 없이 이러한 두려움이나 의심을 알고 타당한 자료일 수도 있는 우리의 행동 안에서 조금의 진실이라도 찾아보기).
- 책임감(배상하기): 사과해야 할 이유의 매너를 행동으로 했다는 것을 알고 용서를 구하기, 사과를 받아들이거나 거부, 용서를 거부하기, 행동을 고칠 것을 요구하기이다.

5가지 스트로크 경제 타파 행동

- 만약 당신이 스트로크를 가지고 있다면 그것을 타인에게 주어라
- 원하는 스트로크가 있으면 타인에게 그것을 요청하라
- 원하는 스트로크가 오면 그것을 받아들여라
- 원하지 않는 스트로크가 오면 그것을 받아들이지 마라
- 자기 자신에게 스스로 스트로크를 주어라

Emotional Literacy : An Open-Hearted Approach to Emotional Intelligence

Nine Worksheets은 다음과 같다.
- 스트로크
- 스트로크 경제와 비판적 부모 자아
- 마음열기
- 계약
- 정서적인 맥락을 검토하기: 파트 1
- 정서적인 맥락을 검토하기: 파트 2
- 책임지기
- 열 가지 기본적인 Emotional Literacy 교류
- 허가 구하기

정서활용능력훈련 Emotional Literacy Training TA집단의 실제

스트로크의 이해

[Stroke]
치는 것, 찌름, 규칙적인 동작 등이 손의 한번 놀림(예; 노 젓기), 어루만지다, 가볍게 어루만지다.

접촉이라고 하는 형으로 타인으로부터 얻어지는 자극으로 타인의 존재나 가치의 인정을 뜻하는 모든 행위를 포함한다. 인간이 주고받는 스트로크의 방법은 개인에게 성격을 형성하게 하는 큰 힘을 발휘한다. 개인의 정서활용능력은 세대 간 전달되는 경향이 있다. 그리고 차에 배터리(NP)가 인간에게는 스트로크이고 따라서 인간관계는 스트로크에 의해 움직인다. 나아가 스트로크는 타인에게도 받아야 한다. 정보공유, 피드백을 통해 접촉하고 이러한 것들이 곧 스트로크이다. Positive Stroke는 기분 좋게 만드는 것이면 다 해당된다. 우리는 "City of Stroke"에 살아야 한다. "City of Stroke"는 스트로크 도시인데 이것은 마음을 열고 상대와 기분 좋게 지내는 사람들이 긍정적 스트로크를 교환하며 모여 사는 곳을 말한다.

스트로크 경제와 비판적 부모 자아

스트로크 경제

Q. 사람들은 긍정적인 스트로크가 필요하다. 그렇다면 왜 사람들은 자유롭게 그것을 교환하지 않는가?

A. 그 이유는 CP에 의한 스트로크 경제에 묶여 있기 때문이다.

비판적 부모 자아

The Critical Parent | 다른 말로 돼지 부모, 적군, 내재된 압제자, 간수, 가혹한 초자아, 낮은 자존감, 전극, 부정적 자기대화, 인지적 덫, 비극적인, 냄새나는 생각 등이라고 한다. CP는 '항상'이라고 말할 수는 없지만 일관적이고 자주 자신의 내면에서 들리는 부모의 목소리로 비판적이고 통제하는 관점을 배우는 것이다.

기본적인 CP의 메시지 | YOU ARE 'NOT OK' 이며 특별히 '너는 나쁘다 [bad] (죄, 게으름, 못된 등)', '너는 못생겼다 [ugly] (못난 얼굴, 못난 몸매 등)', '너는 미쳤다 [crazy] (정신적으로, 정서적으로, 비이성적으로, 통제가 안 되는 등)', '너는 바보다 [stupid] (병신, 쪼다, 지진아, 똑바로 생각을 못한다, 헷갈려 한다. 등)', '너는 끝장이다 [doomed] (병, 희망 없음, 자기 파괴 등)', '너는 사랑받을 수 없을 것이다 [not beloved]'. 스트로크에서 CP의 역할은 스트로크 경제를 따르도록 밀어붙이는 것이다. 스트로크 경제란 인간이 애정을 교환하는 것을 통제하는 일련의 내적 규율들이다.

마음열기

마음열기는 스트로크를 자유롭게 주고받기 위한 연습이다. 우리가 EL (Emotional Literacy; 정서활용능력)을 훈련하는 것은 마음은 우리의 정서의 출입문이고 상대적으로 안전한 우리의 감정을 탐색하는 것으로 시작할 수 있다.

협력 동의서 만들기
- 파워게임 안하기, 정직하기, 거짓말 안하기 특히 우리가 원하는 것이나 어떻게 느끼는 지에 대해 정직하기
- 구원자 안하기 - 우리가 원하지 않는 것 하지 않기, 교류를 교환하는 우리의 나눔 이상은 안하기이다.

다음과 같이 함으로써 스트로크 경제 법칙 타파하기
Giving Stroke
- 스트로크를 주는 것을 금지하는 CP를 극복할 것
- 스트로크는 반드시 진실해야 하며, 일부러 만들어 내지 않아야 하며 과장하지 않아야 한다.

Asking Stroke
- 스트로크를 요구하는 것을 금지하는 CP를 극복할 것
- 스트로크를 요구할 때, 우리가 감당할 수 있는 위험에 따라 우리는 특정한 사람 으로부터 특정한 언어, 신체적 스트로크를 구할 수도 있고 아무에게나 아무런 스트로크를 원할 수도 있다.

Accepting/Rejecting Stroke

- 우리가 원하는 스트로크를 받는 것을 금지하는 CP를 극복할 것
- 우리가 원치 않는 스트로크를 거부하는 것을 금지하는 CP를 극복할 것
- 우리가 저지르는 실수
    - 우리가 원하는 긍정적 스트로크를 거부
    - 해가 되는 스트로크를 받아들임(긍정적 얼굴의 부정적 스트로크, 가짜 스트로크)
    - 우리가 원치 않는 긍정적 스트로크를 받아들임

Giving Oneself Stroke

우리가 자신에게 주는 스트로크를 금하는 CP를 극복할 것

계약

TA에서는 세 종류의 계약을 맺는다.

치료와 교육의 계약 | 어떤 법적인 치료 계약이나 교육의 계약과 마찬가지로 치료자나 선생과 학생 혹은 내담자와 특정한 서비스에 관한 계약을 맺는 것이다. 계약은 장기 계획일 수도 있고(우울증 치료) 단기 계약(스트로크 주고받기를 배우는 것)일 수도 있다.

비밀보장 계약

협력하기 계약 | 상호 간에 파워게임을 자제하는 계약이다. 파워 게임이란 다른 사람이 무언가를 하도록(혹은 뭔가를 하지 않도록) 디자인된 술책이다. 전체적인 것에서부터 육체적인 것, 미묘한, 심리적인 것까지 다양하다. 두 종류의 미묘한 것 중에 심리적 파워게임은 사람들 관계에서 피해야 하는 것으로 첫째, 거짓말: 뻔뻔한 거짓말이나 무엇인가를 빠뜨리면서 하는 거짓말(우리의 감정에 대해, 우리가 원하는 것, 혹은 원하지 않는 것에 대한 것도 포함) 둘째, 구원자: 구원자는 어떤 사람이 원하지 않는 것을 할 때 나타나거나 혹은 상황에서 적절하게 나눔보다 더 많이 하려 할 때 나타난다.

정서적인 맥락을 검토하기: 파트 1

정서풍경 조사하기는 정서적 알아차림, 정서적인 정직, 공감, 사람들의 정서적인 상호 접속을 조사하는 연습이다.

파트 1 | 상대의(참여자) 행동이 우리의 감정에 어떻게 영향을 미치는지 효과적으로 보여주고 방어 없이 그러한 정보를 어떻게 받아들이는지 보여 주는 것을 가르치는 연습

- 행동/감정 진술문 만들기 Making an Action/Feeling Statement

  "당신이****행동할 때 내 감정은 **** 이었습니다.", "행동을 말할 때는 행동만을 말할 것, 비판적이거나 이론적, 비난하면 안 된다.", "감정을 말할 때는 세밀하게 말할 것(화난, 행복한, 아픈, 등) 그리고 그것의 강도도 말할 것(몹시 화난, 무시당한, 짜증나게)."
- A/F를 받아들일 때는 우리의 어떤 행동이 다른 사람의 어떤 감정을 일으키게 했다는 것을 안다. "내가 ~ 행동했을 때 당신이 ~ 느낀 것을 이해합니다.", "우리 행동을 방어, 설명, 증명하지 않는다.", A/F 교류 연습에서 우리는 사람들 사이의 감정이 서로 일어난다는 것을 배운다. 그리고 강도도 알게 된다. 또한 우리 행동의 결과와 마주할 때 방어적이 되고 싸우고 싶은 욕구를 조절해야 함도 배운다.

정서적인 맥락을 검토하기: 파트 2

파트 2 | 우리의 직관 기술을 발달시키고 정서적인 정직함을 배우기 위한 연습이다. 직관, 공감적 인식, 되풀이되는 의심스러운 환상 입증하기이다. 직관은 지식을 습득하는 강력한 도구이다. 직관 그 자체로도 예감, 공감적 인식 혹은 지레짐작하는 의심스러운 생각을 표현할 수 있다. 직관적인 지식은 검토되면서 사용되어야 한다. 직관을 승인하는 것은 우리들의 직관적인 인식 정보를 서로 주고받는 것을 말한다.

• 직관을 입증하려 할 때 다음과 같은 질문을 사용한다.
  "당신이 어떤 느낌인지 알 것 같군요. 내가 말해 볼까요?", 허가를 구한 후 "당신이 ~ 한 느낌일 거라고 예상이 됩니다." 혹은 "나는 당신이 ~하다고 지레짐작으로 걱정스러운 생각을 했어요."
• 직관적인 인식에 반응을 할 때 우리는 디스카운트 대신 비록 그것이 작은 진실이라 해도 그것이 얼마나 옳은지 확인하려 노력한다. 이러한 교류를 교환하면서 우리는 직관적인 인식을 알아차리는 것을 배운다. 상대에게 말을 하고 그들의 확인에 대해 존중하는 태도로 질문을 한다.

책임지기

책임을 지는 것은 우리가 서로에게 끼친 정서적 손상에 관심을 가지고 어떻게 진실할 수 있는지, 마음을 서로 여는 것, 사과하기 그리고 개선하는 것에 관심을 갖는 것이다. 여기에는 구원자, 박해자, 희생자의 행동을 개선하기가 있다. 관계 속에서 일어나는 정서적인 손상은 거의 대부분 세 가지 기본적인 게임의 역할을 할 때 일어난다. 우리가 타인과 이 세 가지 역할 중 하나를 맡고 있다고 인식이 될 때 책임을 지고 사과를 하면서 상황을 개선하는 것이 중요하다.

구원자: 1. "내가 하기를 원치 않았던 행동을 하면서 당신의 구원자 역할을 하였습니다."
2. "내가 나누어야 할 것보다 더 많이 행동하면서 당신의 구원자 역할을 하였습니다."
박해자: "당신에게 정당하지 않은 화를 내면서 내가 당신의 박해자 역할을 하였습니다."
희생자: "당신이 나를 구해 줄 것이라고 기대하면서 혹은 요구하면서 당신의 희생자 역할을 하였습니다."

일곱 가지 기본적인 Emotional Literacy 교류

이 일곱 가지 교류는 배운 순서대로이다. "허가 구하기"는 이러한 교류에서 매번 접하게 되어야 한다. 다른 여섯 가지는 그것들이 필요할 때 사용된다. 그리하여 허가 구하기는 아래 4가지에 대해서 더욱 적용되어야 한다.

허가 구하기

스트로크

- 스트로크 주기: 긍정적이고 진실하며 비교되지 않는 인정의 말 만들기
- 스트로크 받기: 요구하기, 받아들이기와 자신에게 스트로크 주기, 원치 않는 스트로크
  거부하기

행동/감정 말 만들기

- 행동/감정 말 전달하기: "네가 ~ 할 때 나는 느낌이 ~ 하다.", 판단하지 않기, 비난이나
  이론적으로 하지 않기
- 행동/감정의 말 받아 들이기: 방어하지 않고 주어지는 정서적인 정보를 받아들이기

직관 승인하기

- 직관, 공감적 인식, 혹은 되풀이되는 의심스러운 생각을 드러내기
  타인의 감정행동이나 주의에 관한 직관적인 인식을 시험적으로 나타내기
- 직관, 공감적 인식, 되풀이되는 의심스러운 생각을 승인하기
  방어 없이 찾기, 아무리 작은 것이라도 위의 직관적인 느낌을 믿고 진실을 승인하기

개선

- 거짓말, 구원자, 박해자, 희생자 행동을 수정
  "내가 ~ 한 행동을 할 때"
  - 나는 거짓말을 했어요, 혹은 진실을 전부 말하지 않았어요.
  - 내가 하기를 원치 않은 어떤 행동을 하여서 당신의 구원자 역할을 했습니다.
    내가 할 수 있는 것보다 더 많이 하면서 당신의 구원자 역할을 했습니다.
  - 당신에게 부당하게 화를 내어서 당신을 박해하였습니다.
  - 당신이 나를 구원해 줄 거라고 기대하면서(혹은 요구하면서) 희생자 역할을 하였
    습니다. "사과하겠습니다. 다음에는 좀 더 잘할 수 있도록 하겠습니다. 나의 사과를
    받아 주시겠어요?"

• 개선을 받아들이기/거부하기

  - 사과를 받아들이거나 혹은 거부하기에 따라서 주어지는 정서적인 정보를 방어 없이 받아들이기. 사과를 거부할 때는 바꾸어 말하거나 연기하거나 취소가 필요하다.

• 사과

  - 사과와 용서 구하기: "나의 행동에 대해 사과합니다. 그것은 잘못이었고 당신을 아프게 한 것을 후회합니다. 나를 용서해 주시겠어요?"

  - 사과를 받아들이기 허락하기 혹은 용서를 거부하기: 사과를 듣고 진심을 다해 생각한 후 용서를 허락하거나 용서를 연기하거나 바꾸어 말할 때까지, 혹은 더 개선할 때까지.

Emotional Literacy 십계명

1. 정서적 삶의 중심에 사랑을 두라.

2. 스스로를 사랑하고 타인과 진실을 공평하게 사랑하라.

3. 당신이 어떻게 느끼는지, 무엇을 원하는지 말하라.

4. 당신 자신에게 하는 것처럼 타인의 생각, 느낌, 바람을 존중하라.

5. 정서적으로 능력을 가지는 것은 무엇을 빼먹거나 무엇을 더함으로써 거짓말을 하지 않는 것이다.

6. 정서적으로 능력을 가지는 것은 다른 사람과 파워게임을 안하는 것이다.

7. 파워게임에 말려들지 마라.

8. 사과하고 당신의 실수를 개선하라.

9. 가짜 사과를 받아들이지 마라.

10. 당신의 판단에 따라 이 십계명을 지켜라.

CP 몰아내기 CP decommissioning 집단

CP 몰아내기의 개요

처음에는 돼지 부모 자아라고 불렸던 CP는 호기 위코프 Hogie Wyckoff 에 의해 소개된 급진적인 정신과학자들의 초기 개념으로 호기 Hogie 는 CP는 사람들의 인생에 완전히 부정적인 영향을 미치므로 분리시키고 무력화시킬 필요가 있다고 하였다. 자아상태가 은유임을 기억해 보면 뭔가 중요한 것을 대표하는 개념들과 상징, 직관적인 태도 속에서 현실은 CP라는 것은 우리가 규칙, 태도, 우리 마음에 잠복된 행동들의 체계로 태곳적부터 사람들이 억압해온 것이다.

CP는 종교재판이 체화된 것으로 시리아, 국제 사회주의, 소비에트와 캄보디아의 공산주의 그리고 끝도 없는 ~이즘(이데올로기)이 사람들의 바람으로부터 벗어나서 사람들을 죽이고 고통스럽게 하고 불구로 만들었다. 그것들은 반대자들을 처결하고 감히 얼굴을 보였다는 이유로 여성의 얼굴에 황산을 붓고 간통한 남자를 돌로 쳐 죽이고 여성들을 강간하며 에이즈를 감염시킨다. 잔학한 행위를 나열하자면 끝도 없다. 이러한 잔혹한 행위들은 우리에게 익숙한 점잖은 부모 자아와 관련이 있기보다 우리 내면의 야수에게 원인을 돌리는 것이 더 적절해 보이지만 그들은 우리 마음에서 정확하게 같은 장소, 같은 신경다발에서 유래되었다. 그것은 매일같이 학교에서, 교회에서, 침실에서, 부엌에서, 거리에서 우리가 남에게 '나쁘다', '멍청하다', '미쳤다', '못났다'라고 말하는 마음의 그 부분에서 나온 것이다. 단지 다른 것이 있다면 단지 규모일 뿐이고 지배하려는 근원과 목적은 같다. 그렇기 때문에 우리는 만약 우리 삶에서 그런 힘이 나온 거라면 반드시 근본적으로 배제시켜야 하는 이유이다.

CP와 맞서는 것은 세 가지 P가 존재하는 원인이다. 허가 permmision 는 CP의 권한을 철회하고 보호 protection 는 CP의 공격과 허가가 추구하는 득이 되는 변화로부터 약화시키려는 노력으로부터 방어를 해준다. 역량 potency 은 치료자들이 CP의 힘을 넘어서려는 용기를 내는 것을 필요로 한다.

정서능력훈련 프로그램의 모든 연습은 긍정적 스트로크를 반대하고 우리가 감정에 대해 정직해지는 것을 반대하고 우리가 실수를 했을 때 책임을 지는 것을 부끄러워하는 CP의 금지명령에 맞서는 것으로 구성되어있다. 덧붙여 계약을 맺는 것은 효과적인 활동을 표적화함으로써 갖게 된 약화된 결과를 자세하게 명시해서 CP의 영향을 무력화하려는 것이다.

스트로크중심 TA의 목표는 CP이고 그것을 제거하는 것이다. 1970년대에는 개인이 그들로부터 CP를 제거하는 것을 돕는 것을 "돼지로부터 벗어나기"라고 불렀다. 그 이후 그것은 덜 도발적으로 재명명되었는데 그 이름은 "CP 훈련하기"이다.

비판적 부모 자아 훈련의 실제

이따금 사람들은 그들의 CP를 목표로 삼기를 원한다. 이 훈련은 집단 안에서 집단 리더와 함께 다른 참석자들과 함께 실시한다. 사례를 통한 CP 훈련 집단[work] 을 안내하고자 한다. 여기서는 철수라는 집단원이 집단지도자와 다른 집단원과의 집단[work] 을 한 과정을 소개하며 CP 훈련 집단[work] 을 소개하려고 한다.

철수는 집단에서 자신의 CP가 오랜 기간 그를 무력화시켜온 것에 대해서 근본적으로 무언가를 하기를 원한다고 말했다. 철수가 참석한 치료집단에서 육 개월의 기간 동안 서서히 표현하여 알게 된 사실이었다.

훈련은 세 가지 부분으로 이루어져 있다.

- 준비하기
- 굿판 벌이기; CP 몰아내기 [CP decommissioning]
- 정리하기

준비하기

칠판과 의자 2개를 준비한다. 자신의 어려움을 해결하고자 자원한 철수가 의자에 앉는다. 지도자는 철수에게 자신의 부모 자아에 들리는 CP에서 나오는 메시지들을 스스로 판에 적거나 말하라고 요청한다.

철수는 CP에서 나오는 메시지들을 가능한 많이 칠판에 적어보려고 한다. 처음에 철수는 단지 하나 밖에 적을 수가 없었다. 즉, '너는 부족한 것 투성이야. 사람들이 이제 그걸 알 거야.'이었다. 지도자가 더 캐묻자 철수는 몇 가지 내용을 더 내어 놓았다. '이 멍청아.', '똑 바로 생각할 줄도 몰라.', '병신.', '넌 절대 성공 못 해. 네 형처럼 그렇게 잘 하지 못할 거야. 절대.', '너는 생각도 없고 머리도 나쁘고 절대 못해.'

모든 말들을 칠판에 적었을 때 철수와 집단지도자는 집단원들의 제안들을 참고로 그런 말을 더욱 현실감 있게 만들었다. 중요치 않은 메시지들은 지우고 여섯 가지 카테고리에 집중된 메시지들만 남겨졌다. '너는 멍청해.' '너는 쓸모가 없어.' 그리고 '너는 엉터리야.'

철수는 이제 집단 속에서 박해하는 CP 역할을 맡을 사람을 뽑는데 만약 그 사람이 거절하면 다른 사람을 선택한다. 이때 지도자는 어떤 상황에서도 역할을 맡을 것을 권유해서는 안 된다. 그럴 경우 박해자 역할을 맡은 사람이 역할을 잘 못 하거나 오히려 상처를 받을 수 있기 때문이다. 그런 다음에 철수는 NP 역할을 맡아줄 사람을 선택한다. CP역의 사람은 철수와 마주앉아 공격적으로 느껴지는 적절한 거리에 앉고, NP 역할의 사람은 철수의 어깨에 손을 얹고 철수 옆에 앉거나 서 있는다. 칠판은 철수의 뒤에 두어서 CP, 다른 집단원, 그리고 지도자가 잘 볼 수 있도록 한다. 그들은 철수나 CP로부터 같은 거리를 유지해서 앉는다.

집단 work ; CP 몰아내기 CP decommissioning

지도자는 CP역을 맡은 구성원이 철수가 말한 메시지를 읽고, 눈을 감고 칠판에 쓰여 있는 메시지를 기본으로 한 언어적인 폭력을 미리 준비하도록 한다. 처음에 CP는 뒤로 물러나지 않도록 권고를 받는다. 왜냐하면 이 훈련은 치열하게 정면으로 맞서는 것이기 때문이다. 모두 준비되었으면 CP는 눈을 뜨고 가능한 만큼 공격적으로 공격을 한다. CP는 소리를 지를 수도 있고 비아냥거릴 수도 있고 조용히 말할 수도 있다. 중요한 것은 뒤로 물러서지 않는 것이다. 철수는 처음에는 다른 집단원들처럼 할 말을 잃었다. 지도자가 필요하다고 생각될 때 반응을 하라고 격려를 했다. 철수는 싸우기 시작했다. 처음 철수의 반응은 약하고 조리가 맞지 않았다. 다른 집단구성원들은 울거나 아니면 거의 긴장되거나, 침묵 속에서 지켜보았다. 결국 지도자가 지원을 하고 집단원들이 조용히 지켜보는 가운데 철수는 자신의 방어에 서서히 힘을 내 초점을 맞추었다. CP가 "너는 멍청해! 똑바로 생각할 줄도 몰라."라고 하자 철수는 떨리는 목소리로 "아니야. 나는 멍청하지 않아."라고 말했다. 지도자는 그 말을 좀 더 설득력 있게 말하도록 권고를 했다. 철수는 그렇게 하고자 더 자신의 말을 덧붙였다. "네가 멍청해. 입 닥치고 엿이나 먹어." 지도자가 더욱 용기를 주었다. "잘했어요." CP가 소리를 쳤다. "넌 절대 성공 못 해 철수야, 너는 엉터리야." 철수는 조용했다. 지도자가 용기를 내라고 속삭였다 "철수! 너는 가짜 엉터리야." 철수는 강해졌다. "그래, 네가 가짜야. 너는 다 아는 것 같지만 사실 아는 게 없어." CP가 다시 "너는 절대로 성공 못 해. 너도 알잖아." 철수는 "나는 이미 성공했어. 학위도 있잖아. 그리고 애도 둘이나 키웠어. 난 네가 생각하는 그런 사람이 더 이상 아냐.

그게 내 가장 큰 성공이야." 10분이나 15분 후 이 CP의 아이디어와 전략이 다 떨어지면 지도자는 칠판에 있는 것을 기본으로 새로운 모욕을 제안한다. "너는 나를 이길 배짱도 없어. 너는 네 형만큼 잘하지도 못해." 등등.

대화는 계속된다. 마침내 CP가 기력이 다 빠지고 더 이상 할 말이 없게 된다. 이것은 행동으로 혹은 동정어린 철회가 아니라 에너지가 고갈이 된 것이다. 이 훈련의 하이라이트는 '철수가 그동안 어떻게 대항해야 할지 모르는 공격적이고 편견을 가지고 잘못된 정보를 그대로 받아들인 철수의 내면의 적'이란 개념이고 이것이 더 이상 말을 못하도록 이겼다는 것이다. 지도자와 집단원들의 활발한 지원과 꽤 심리적 지지가 된 돌봐주는 부모와 함께 철수는 그의 안에 있던 근육질의 CP를 되받아치는 싸움을 통해 설득력 있는 균형을 얻게 되었다. 철수가 CP와의 싸움에서 이긴 것 같을 때 지도자는 훈련의 종결을 선언한다.

정리하기

집단은 박수를 치고 철수의 성공을 축하한다. 철수는 "잘난 척하도록" 초대받고 그렇게 되도록 도전해 보는 것을 받아들였다. 철수는 집단의 가운데 앉아 강하고 확신 있는 말투로 "정말 좋았어요. 나는 내 전 인생 동안 내가 바보 같다는 느낌을 받았던 걸 깨달았어요. 나는 그냥 아무것도 아니고 바보라고. 당신들이 볼 수 있는 건 단지 나의 대학 성적뿐이죠. 나는 많은 사람에게 중요하고 많은 사람들에게 사랑받고 있어요. 그리고 나는 엉터리가 아니에요. 난 믿을만한 좋은 사람으로 알려져 있고 정말 가짜는 CP에요. 이제부터 나는 그것들을 꼼짝 못하게 할 거예요."

집단원들은 더욱 환호한다. 사람들은 그 과정에 대해 그리고 그들의 반응에 대해 말을 했다. 보통 어떤 사람은 울기도 하고 어떤 사람은 무서워하고 심지어 어떤 사람은 누가 봐도 인정사정없는 이 과정에 분개한다. 집단지도자는 CP 역할을 한 사람에게 고마움을 전하고 집단 work를 벌리고 나서 괜찮은지 물어본다. 철수도 CP역의 사람이 잘 해준 것에 대해 감사를 전하고 서로 안아주도록 한다. 집단원들은 철수와 CP역의 사람과 NP 역할의 사람, 그리고 지도자를 격려한다. 철수는 자신이 CP에 이긴 주장을 메모지에 쓰고 이것을 세면하는 곳이나 화장대 등 매일 잘 볼 수 있는 곳에 붙여 놓고 보도록 하고 일하러 가기 전에 혼자서 해 보도록 격려 받는다. 그리고 집단원 중 누구라도 이 집단과정이 "자신 내부 CP의 공격"을 받는 상황 아래에 놓여 있다면 그 사람의 정서적 반응에 대해 집단에서 작업 work할 시간을 정한다. CP 몰아내기 훈련은 사람들의 정서적 어려움에 접근

하는 근본주의 정신의학이 보여주는 예이다. 근본주의적 정신의학이론은 세 가지 협력적인 과정을 통해 그들의 멀어진 힘을 되찾는 것이다. 즉, 접촉, 지각, 그리고 행동이다. 재치 있게 말하면 '세상의 힘 = 접촉+지각+행동'이라 할 수 있다.

철수의 힘과 효과는 지속적인 CP의 괴롭힘에 의해 강하게 영향을 받았다. 비판적 부모는 또한 그가 타인과 맺은 관계로 인해 무력화되었는데 그들은 끊임없이 끼어들고 판단을 했다. 여기서 접촉은 집단원들의 지지이다. 지각은 CP가 억압한 것을 세밀하게 기록한 것으로 영향을 미치고 마침내 활동은 비판적 부모의 공격을 막아내는 긍정적 단계였다. 덧붙여 TA의 세 가지 P가 관여했다. 허가는 CP와 싸우도록, 보호는 지도자와 집단원들로부터 지원, 그리고 힘은 지도자가 물러났다 들어가는 것이었다(근본주의 정신의학의 더 많은 정보를 원하면 www.claudesteiner.com/rp.htm 을 참고하라).

스타이너는 이 훈련을 '귀신 쫓기 굿판 벌이기'에 비유했는데 사실 확실하게 비슷한 과정이다. 그러나 중요하게 다른 점이 있다. 귀신을 쫓는 것은 수동적인 경험을 하는 것이다. 이 훈련은 집단원들과 지도자에 의한 지지, 도구와 더불어 철수가 그의 힘을 다시 가져와서 균형을 잡는 것에 달려있다. 도움을 받아들이는 수동적인 것과 스스로 돕는 활동적인 참여의 결정적으로 다른 점은 잘 알려진 격언으로 요약된다. "당신은 배고픈 사람에게 밥을 줄 수 있고 혹은 고기를 잡는 법을 가르칠 수도 있다."

뮤리엘 제임스의 재양육 TA집단

뮤리엘 제임스 ^{Muriel James} 의 재양육 ^{reparenting} TA집단을 살펴보기 전에 뮤리엘 제임스 ^{Muriel James} 가 오늘의 교류분석에 미친 영향을 간략히 살펴볼 필요가 있다. 심리치료사, 상담사, 슈퍼바이저, 컨설턴트, 그리고 개인 코치인 뮤리엘 ^{Muriel} 은 4,200만 부가 팔린 베스트셀러 'BORN TO WIN ¹⁹⁷¹'을 포함해서 19권의 책을 저하였다. TA와 게슈탈트를 혼합한 'BORN TO WIN'에서 뮤리엘 ^{Muriel} 은 승자와 패자의 정의를 내렸다. 그녀의 책은 26개국의 언어로 번역이 되었으며 그녀는 17개의 논문을 발표하였다. 뮤리엘은 두 개의 박사학위를 가지고 있는데 그 중 버클리의 캘리포니아 대학에서 박사학위를 받을 당시 에릭 번 ^{Eric Berne} 의 제자가 되었으며 ITAA의 초기 회원이 되었다. 뮤리엘 ^{Muriel} 은 또한 세계 적으로 알려진 컨퍼런스의 강사이기도 하다. 그녀는 방콕에 있는 영국 스테프들과 미국 해군 사제들, 미국의학 협회, 그리고 수많은 대학, 회사, 전문가들을 위한 집단을 운영 하기도 한다.

재양육의 이해

자신을 재양육 한다는 것은 자신의 부모 자아를 변화시키는 것이다. 여기서 "자신"이라는 단어가 중요한데 이는 당신 자신이 당신의 성격의 한 부분인 부모 자아에 무엇을 뺄지, 바꿀지 혹은 더할지 결정하는 것으로 그럼으로써 당신은 격려 받는 느낌을 가질 수 있고 행복을 추구할 수 있기 때문이다. 당신의 오래된 부모 자아를 업데이트 하는 것을 결정함으로써 과거 부모 모습들이 당신을 침범했던 힘을 약화시킬 수 있다. 당신의 행복을 추구하기 위해 개인으로써 어떻게 승리할 수 있는지 자신의 어린이 자아를 교육하는 코치와 같이 부모 모습을 창조하거나 더할 수 있다

자신의 재양육에는 당신 성격의 부모 자아적인 부분에 지금 남아있는 특정한 긍정적이거나 혹 부정적인 역사적 부모 모습의 부분들을 버리기로 결정할 수도 있다. 또한 당신을 위해 당신이 예전에 가지지 못했던 긍정적인 모습의 새롭게 창조된 새로운 부모 모습이나 당신에게 표현되어야 했지만 되지 못했던 부모의 모습을 더할 수도 있다. 당신 성격의 이러한 질적으로 긍정적인 새로운 부분은 행복으로 나아가기 위해, 당신의 인생을 더욱 풍요롭게 하기 위해, 당신이 개발하기를 원해서 결정하는 것이다. 당신 부모 자아의 어떤 특징들은 좋은 것들이다. 또 어떤 것들은 그렇지 않은 것들도 있다. 자기 재양육을 하면서 당신은 당신의 성장과 행복을 방해하는 부정적인 내용을 담고 있는 내면의 오래된 프로그램을 꺼버릴 수 있게 될 것이다. 그리고 이것은 당신의 힘에 더해질 것이다. 당신은 당신 삶의 주인이 누구인지 효과적으로 배울 것이고 변화하기로 결정하는 대로 변화하는 것을 배울 것이다.

재양육 워크숍 집단

재양육 집단 워크숍은 뮤리엘 제임스에 의해 개발되었는데 집단치료와 훈련으로 5일간 거주하는 워크숍이다. 단계는 인생을 더욱 풍요롭게 하기 위해서 새롭게 자기의 부모자아에 뭔가를 더해야 하는 것을 알아차리는 것, 이런 일을 하도록 계약을 맺는 것, 부모모습들의 역사적 진단을 하는 것, 내면의 대화들을 배우고 듣고 이해하는 것, 어린이자아의 욕구와 원하는 것을 발견하는 것, 그것들에 대해 어떻게 할지 결정을 내리는 것, 그리고 재양육의 성공을 축하하는 것이다.

재양육 집단운영 가이드

재양육 집단의 실제에 대해서는 뮤리엘의 1997년 판 '집단 리더를 위한 자기 재양육 이론과 과정' CD에서 집단운영 관련 부분 Guide에서 살펴볼 수 있다. 간단한 순서는 다음과 같다.

- 부모-어린이 대화하기
- 롤 플레이 role play 할 사람 선정
- 어린이 역할 할 사람과 부모 역할 할 사람
- 그룹에게 집단 work를 소개하고 자발적으로 참여하기를 유도(가급적이면 작업을 하는 것이 편안한 사람)
- 그룹에서 어떻게 작업을 하는지 리더가 시범을 보여 줄 수도 있음
   어린이(자원자)가 바닥에 앉으면 부모(리더)는 의자에 앉는다.
   어린이(자원자)가 의자에 앉으면 부모(리더)는 서서 한다.
- 둘이서 역할을 나누어 교대로 하도록 함

집단예시

재양육 집단의 실제에 대한 간략한 예시를 소개하면 다음과 같다.

> 리 더 : (NP적 태도와 FC적 태도로 다정하게 자녀에게) "지금 나에게서 무엇이든지 원하는 것이나 필요한 것이 있니?"
> 자원자 : "네. 안아주세요."(리더가 안아준다.) "좋군요."
> 리 더 : "이제 나한테서 더 원하거나 필요한 것이 있니?"
> 자원자 : "음…." "당신이 나에게 내가 정말 착한 아이라고 말해주면 좋겠어요."
> 리 더 : "난 정말 네가 착한 아이라고 생각해."
> 자원자 : "네 느껴져요."
> 리 더 : "그래."
> 자원자 : "당신이 내 눈을 쳐다보는 눈길이 좋네요."
> 리 더 : "나도 좋아." "네가 지금 원하는 게 더 있니?"
> 자원자 : "미안하다고 말해주면 좋겠어요."
> 리 더 : "내가 너에게 정말 미안하구나!"
> 자원자 : "고마워요. 용기를 내어 말해줘서요."

지침 | "부모만이 아이들이 진정으로 요구하는 것을 해줄 수 있는 사람이다." 여기서 부모는 뭘 더하거나 하지 않고 아이가 요구하는 대로 해주는 것이다. 이것이 어려운 사람이 가끔 있다. 리더가 한 번 더 안아줄 수도 있다. 하지만 아이가 원하는 것은 한 번의 포옹이었다. 아이는 여러 가지 다른 것들을 그전에 요구하지를 않았다. 이것이 연습의 전부이다. 아이가 원하는 만큼만 해주는 것이다.

재양육 집단Work

그 다음은 모두 도넛 모양의 작은 원과 큰 원을 만들어 선다. 리더는 '아무 말도 서로 하지 말라고 당부한다. 왜냐면 불안해하며 말하지 말고 그저 연습에 집중하라고 한다. "그리고 모든 것이 끝나면 모든 것을 보내고 서로 손을 잡고 눈을 감는다. 그리고 침묵하도록 한다." 그리고 다음은 서로 자리를 바꾸도록 한다.

두 번째 롤 플레이의 마지막에는 서로 개인적인 수준의 경험을 나눈다. 서로 나눈 후에 어린이는 '물어봐 줘서 정말 좋았어요.' 부모는 '정말 좋았어요. 돌봐줄 수 있어서, 난 늘 뭐가 필요한지 상상하거나 추측했는데.' 그들은 이 새로운 경험을 적거나 아니면 반영하도록 한다. 이제 어른 자아가 새로운 부모 자아를 대신해서 행동을 한다. 우리는 이미 안다. 우리 어린이 자아가 뭘 원하는지.

많은 계약과 연습이 필요하다. '네가 이것들을 가지기를 원하면 너를 위해 난 이런 것들을 할게.' 아직은 새로운 부모는 아니므로 어른 자아가 부모처럼 활동을 하는 것이다. 부모처럼 아이의 욕구를 위해 활동을 하는 것이다. '이런 것을 당신에게 원해요. 이런 것이 당신에게서 필요해요.' 그 다음에 무슨 일이 일어나는가 하면 그들은 연습을 한다. 연습을 하고 해서 그것들이 영원하게 나의 부모 자아가 되도록 하는 것이다.

일반적으로 도움이 되는 것은 '편지 쓰기'이다. 새로운 부모 자아가 아이에게 편지를 쓴다. 새로운 부모의 편지는 어른 자아에 의해 창조된다. "미안하다. 얘야. 내가… 해서. 나는 어떻게 부모가 되는지 몰랐단다. 이러저러한 상황에서 네가 필요한 것이 뭔지를 몰랐어." 이것은 예전 부모 자아의 모습이다.

새로운 부모는 "얘야. 나는 네가 어떻게 스스로를 보호하는지 가르치고 싶단다. 가끔 네가 불공정하게 학교에서 친구들에게서 대접을 받는다는 것을 안다. 어떻게 육체적으로 너 자신을 보호하는지, 자, 얘야 네가 너 자신을 어떻게 하면 보호할 수 있는지를 우리 이야기해 볼까? 나는 네가 호신술 같은 것을 배웠으면 싶은데?" 사람들에게 호신술을 배우라고 말할 수도 있다. 남자나 여자 모두에게. 아니면 다양한 대안 책을 마련해 줄 수 있다.

그 다음은 이것은 선택이다. 예전 부모 자아에게 용서의 편지를 쓰는 것이다. 때로 사람들은 필요하지 않을 수도 있다. 예전 부모 자아가 좋을 수도 있기 때문이다. 그러나 편지를 쓰면 '난 당신이 했던 것을 이해합니다. 내가 그것들을 좋아하지 않았더라도 그것은 과거의 역사입니다. 난 그것들과 함께 살아가진 않을 거니까요. 그것들은 나의 과거 역사 중 일부 일뿐입니다.'라고…. 뮤리엘은 시간의 의미에 대해 이렇게 말하였다. "과거는 역사이고 미래는 미스터리다. 현재는 우리가 받고 싶은 무엇인데 그래서 우리는 현재를 선물이라 부른다[Muriel. 1997]."

재양육 Practicum Sheet

편안하게 자세를 취하고 TV를 보고 있다고 상상하세요. 그 TV에는 지금 나의 이야기가 나오고 있습니다. 잠깐 동안 자세히 집중해서 가만히 나를 보는 시간을 가져봅시다.

계약 맺기 질문

Q. 지금 당신의 인생을 조금 더 나아지게 하고 싶다면 원하는 것이 무엇입니까? 재양육 관점에서?

Q. 원하는 것을 얻기 위해서 필요한 것은 무엇입니까? 무엇을 해야 될 필요가 있을까요? 구체적으로 계약을 맺는다. 그리고 질문한다.

집단 work

Q1. 만약 내가 어렸을 때 이상적인 부모를 가졌다면 지금 나는…. 이러한 사람이 되었을 것이다. 나에게 모자란 것이 무엇일까? (모든 사람이 이상적인 부모를 가질 수는 없지만)

Q2. 나에게 부모의 모습은 누가 있었나? CP, NP 다 포함해서, 파이처럼 나누어서 그린다(예; 사전 설명-부모님, NP 외할머니, 사촌 형).

Q3. 두 가지 부모 모습 보여주고 해당되는 사람을 기록

부모 자아 : Parent ego state -1	
CP	NP
• 머리 나쁜 놈 쯧쯧…	• 난, 네가 그냥 참 좋다!
• 바보 아냐, 자식 저거!	• 난 네가 새로운 것을 시도하고 배우는 것을 보면 너무 즐거워. 대견해.
• 나사가 하나 빠졌냐!	• 쟤는 자기 할 일을 알아서 잘해.
• 어째 그리 어설프냐!	• 나는 네가 참 든든하단다.
• 걱정 투성이다. 너는!	• 나는 네가 참 자랑스럽다.
• 어휴, 저게 어떻게 살는지…	• 쟤는 좋은 아빠가 될 거야, 자상한 모습이…
• 사내애가 순해빠져 가지고…	• 쟤는 신중하고 배려를 잘해서 인기가 있을 거야.
• 어수룩해가지고…	
• 그 정도 해서 되겠냐!	

부모 자아 : Parent ego state -2	
부정적인 양육유형	긍정적인 양육유형
• 지나치게 비판적인	• 이유가 분명한
• 지나치게 보호적인	• 격려하는
• 일관성 없는	• 일관적인
• 말씨름 하는	• 잘 조정하는
• 관심 없는	• 따뜻한
• 지나치게 정리하는	• 편안한
• 지나치게 감정을 요구하는	• 책임감 있는
• 자녀에게 보호를 기대하고 요청하는	• 경계를 지울 때는 지워주는
	• 이해하기 쉽도록 잘 설명하는

Q4. 지나치게 비판적인 부모는? 보호적인?

Q5. 어떤 특징들이 나에게 있고 영향을 미쳤는지?

Q6. 나의 성장기 부모 상[象, figure] 중 긍정적인 것이어서 내가 그대로 간직하고 싶은 것이 있다면 무엇일까? 예를 들면.

Q7. 내가 간혹 사용하는 부모의 긍정, 부정 적인 특징은?

　　(긍정은 그대로, 부정은 연습을 통해서 물러나게 한다.)

Q7-1. 1번으로 돌아가서 되고 싶은 사람이 되기 위해 필요(원하고)한 것은?

Q8. 나의 성장기 부모 상[象, figure] 중 부족했던 것이어서 나에게 더해 주었으면 싶은 것이 있다면 무엇일까?

Q9. 지금 나에게 필요한 것은 무엇일까? 가졌으면 하는 부모 상[象, figure] 으로부터 듣고 싶은 이야기, 행동 등이 있다면 무엇일까?

메리&로버트 굴딩 부부의 재결정 TA집단

메리 & 로버트 굴딩 ^{Mary & Robert Goulding} 부부의 재결정 TA집단을 살펴보기 전에 메리 굴딩이 오늘의 교류분석에 미친 영향과 재결정 치료의 탄생과정을 간략히 살펴볼 필요가 있다.[1]

메리 굴딩 ^{Mary Goulding} 은 그녀의 남편 로버트 굴딩 ^{Robert Goulding} 과 함께 1995년 재결단 치료와 12가지 금지령의 이론으로 에릭 번 ^{Eric Berne} 메모리얼 상을 수상하였다. "TA의 새롭게 나아갈 방향 -재결단과 변화를 위한 새로운 환경의 창조-"라고 세이거 ^{Sager} 와 카프먼 ^{Karpman} 이 그들의 저술에서 높이 평가하였고, 그들의 연구물인 '집단과 가족치료에서 전진', '재결단과 12가지 금지령', '금지령, 결심, 그리고 재결단'은 TAJ에 수록되었다. 메리 굴딩 ^{Mary Goulding} 은 1991년 미국 TA에서 뮤리엘 제임스 ^{Murial James} 와 함께 처음으로 TA연구의 혁신적인 공로로 M&M Award (뮤리엘 제임스와 메리 굴딩을 기리기 위해서 1991년에 USA TA에서 제정한 상)를 부부가 공동 수상하였고 2009년에 세상을 떠났다.

재결정 치료의 탄생은 이러한 배경에서 이루어졌다. 1965년에서 1970년 사이에 프리츠 펄스 ^{Friz Perls} 와 버지니아 사티어 ^{Verginia Satir}, 에릭 번 ^{Eric Berne}, 로버트 굴딩 ^{Robert Goulding} 그리고 메리 굴딩 ^{Mary Goulding} 은 차로 한 시간 거리에 살았다. 그들은 때로는 협력자였고 경쟁자였으며 옹호자 그리고 매우 가까운 친구들이었다. 그들은 여러 가지 공통점을 가지고 있었는데 모두 비슷하게 나이 들고 있었고 천천히 변화하는 정신치료와 정신분석에 불만을 가지고 있었다. 정신치료의 '새로운 시도 없이 안전하게'라는 수동적인 부분을 모두 경멸하고 있었고 그들 자신의 창의성을 높이 사고 있었다. 그들 모두는 최선의 빠른 치료를 목표로 두고자 하였다.

---

1) 아래의 자료들은 오수희 박사의 2015년 한국교류분석상담학회 추계학술대회/상담분과 workshop에서 발표한 자료들을 인용, 수정, 보완한 것이다.

에릭 번 Eric Berne 은 과학자가 되기를 원했으며 인간의 성격과 사회적 행동의 이론을 발달시키고 있었고 그것을 TA라고 명명하고 ITAA를 설립했다. 로버트 Robert 와 메리 Mary 또한 그곳에서 교육을 시키는 회원이 되었다. 세미나에서 에릭 Eric 은 "매번 집단상담을 하기 전에 나는 스스로에 물어봅니다. 오늘 나는 이 사람들을 어떻게 치료하려 하는 걸까? 라고요."하고 말했다. 1965년 에릭 Eric 과 로버트 Robert 는 카멜 시에 사무실을 얻고 개인 치료공간을 마련했다. 몇 달 후 메리 Mary 는 그들과 합류해서 TA를 카멜 시와 미국 전역에서 가르치기 시작했다.

프리츠 펄스 Friz Perls 는 그의 독특한 정신치료를 발달시켰다. 그의 초기 워크숍에 참석했던 로버트 굴딩 Robert Goulding 은 다음과 같이 말했다 "내 기억 중 처음으로 나는 나만의 특별함, 힘, 능력과 접촉을 한 것 같습니다." 로버트 Robert 는 펄스 Perls 와 작업한지 한 시간도 안 되는 시간으로 드라마틱하게 변화가 일어났다고 믿었다. 그 후 둘은 절친한 친구가 되었고 펄스 Perls 는 그의 'IN AND OUT OF GARBAGE PAIL'에서 "나는 정말 로버트 굴딩 Robert Goulding 을 좋아합니다."라고 적었다.

버지니아 사티어 Verginia Satir 는 네다섯 번의 가족치료 회기에서 가족들을 완전히 변화시켰다. 다른 여러 치료자들 앞에서 벌어지는 그녀의 치료 회기에서 그녀는 가족들의 변화에 도움을 주는 모습을 보여 주었다. 그녀의 도구는 사랑과 감각이었다. 그녀는 때로 메리 Mary 의 집으로 방문해서 종종 함께 시간을 보냈고 로버트 Robert 와 가족치료의 리더로 치료를 이끌었다. 로버트와 메리 Mary & Robert Goulding 는 그 후 결혼을 발표하면서 가족과 집단치료를 위한 웨스턴 치료센터를 개원하였을 때 버지니아 Verginia 는 그곳에서 첫 번째 워크숍을 이끌어 주었다.

에릭 Eric 과 펄스 Perls 와 사티어 Satir 그리고 메리 Mary, 로버트 Robert 는 그들만의 치료법을 발전시켰고 에릭 번 Eric Berne 의 교류분석, 펄스 Perls 의 게슈탈트 그리고 사티어 Satir 의 가족치료를 혼합하고 거기에 굴딩 Goulding 부부만의 이론과 기술을 더하여 십년 후 그들만의 '재결정 치료'가 탄생되었다.

재결정 Redecision 의 이해

재결정학파의 주장에 따르면 재결정 치료는 행동, 인지, 정서적 접근이 조합된 가장 효과성이 높은 단기치료이다 Goulding and Goulding 1978, 1979; Kadis, 1985. 이것은 1960년대 초 프리츠 펄스 Fritz Perls 와 에릭 번 Eric Berne 과 함께 집단작업한 결과로서, 로버트 굴딩 Robert Goulding 과 메리 굴딩 Mary Goulding 에 의해서 발전되었다. 굴딩 Goulding 은 번 Berne 의 교류분석과 펄스 Perls 의 게슈탈트를 함께 통합하여 사용하면, 매우 강력한 조합이 될 것으로 생각했다. 왜냐하면, 교류분석은 매우 명확한 개념적인 준거틀을 제공해 주고 있으며, 게슈탈트는 경험에 의거한 실질적인 방법을 제공해 주기 때문이다. 결국 이러한 각각의 독특성들이 함께 모여 "재결정 치료"가 탄생했다.

개인의 변화를 위한 굴딩 Goulding 의 재결정 치료에서는 각본을 형성하는 "조기결정"을 매우 강조한다. 이러한 최초의 각본결정은 어린 시절에 이루어졌기 때문에, '지금-여기'에서 가장 강력한 변화를 유도할 수 있는 곳은 '어린이 자아상태'라고 가정하고 있다. 이렇게 어린이 자아상태 안에서 새롭게 결정을 내리는 것을 "재결정"이라고 말한다. 인간의 발달 중 매우 어린 시기에 만들어진 결정을 현재 상황으로 가지고 온다는 신념에 근거를 두고 있다. 또한 이전에 만들어진 결정은 현재의 사람, 장소, 혹은 특별한 환경들에 전혀 적합하지 않을 수 있다.

그러므로 변화를 초래하기 위해서는 현 상황에 적절한 재결정을 해야만 한다. 왜냐하면 우리가 우리 자신의 인생 계획을 결정했고, 우리는 어느 때든지 새로운 결정을 하기 위한 힘과 능력을 갖고 있기 때문이다. 재결정 치료는 인간의 행동과 정신과정을 연구하는 학문이 아니고 문제를 가지고 있는 개인의 사고, 감정, 행동을 이해하고 치료하는 것이다.

재결정 과정의 단계

재결정 과정의 단계는 다섯 단계로 나누어 볼 수 있다.

- 첫째, 치료적 계약의 협상
- 둘째, 주요 장면의 발전과 확장
- 셋째, 핵심 장면에 대한 새로운 정보, 경험 또는 정서의 도입 : '현재'의 경험하기 및 실험하기
- 넷째, 재결정 특성
- 다섯째, 유지계획 및 가족과 사회 속에 통합이다.

이를 보다 상세하게 설명하여 이해를 돕고자 한다.

치료적 계약의 협상

치료적 변화를 위한 계약은 단계를 설정하고 차후 치료적 개입의 초점이 된다. 그것은 흔히 치료 가운데 가장 어려운 부분이 되기도 한다. 재결정 치료에서 계약은 변화에 대한 것이며 목표는 측정가능하고, 성취가능하며 의미 있는 것으로 확실하게 설정하는 것이 상담자의 과제이다. 계약은 상담자와 내담자 모두가 소기의 목적이 달성될 때 알게 될 것이라는 식으로 말로써 표현되어야만 한다. '나는 기분이 좀 나아지고 싶다'라는 것과 '나는 내 머리를 치지 말고 나쁜 놈이라고 스스로 말하는 것을 중지하고 싶다.'라는 사실은 매우 다르다.

계약은 합법적이어야 한다. 결국 그것은 내담자와 상담자 양쪽의 모든 자아상태에 수용적이어야 한다. 동시에 좋은 치료적 계약은 재결정 치료가 단기이고 행동지향적이어야 한다. 프로차스카 Prochaska 와 디클레멘트 DiClemente (Prochaska et al., 1994) 는 유용한 변화의 단계에 대한 예를 제시하였다. 그 범위는 숙고전단계로부터, 숙고단계를 통하여 준비단계를 포함한다.

숙고전단계 precontemplation 는 사람들이 변화를 위한 어떤 이유를 알지 못하는 때를 일컬으며, 숙고단계 contemplation 는 사람들이 문제를 가졌고 변화에 대하여 생각하고 있으나 아직 실행하지 않고 있으며 변화에 따른 부정적 측면을 탐색하는 때이며, 준비단계 preparation 는

그들이 가까운 장래에 어떤 특이한 행동을 취할 의도를 갖는 때를 나타낸다. 이를 가리켜 단계라 하고 그 단계는 좋은 치료계약으로 마무리될 수 있고, 행동, 유지 및 종결의 진보된 단계로 유도될 수 있게 한다. 즉 재결정 치료는 그들 자신에 대하여 특별한 어떤 것(해결하고 싶은 문제)을 변화시키기로 결심한 사람들을 위하여 적절하다. 만약 지금 당장은 아니지만 언젠가 변화를 생각하고 있다거나 전혀 변화될 이유를 인식하지 못한다면, 더 기다리거나 이 접근방법은 크게 유용하지 않을 수 있다.

재결정 치료에 도취해서 어떤 초보 상담자는 모든 유형의 정신병리의 치료에 그 방법을 사용하려고 시도한다. 그러나 이 접근방법은 과거 결정에서 초래된 고통만을 취급하도록 의도되는 것이지 환경과 더불어 최근의 부조화에서 주로 야기되는 고통이나 현실에 맞는 중요한 경험의 결여와 같은 정신병리의 다른 근원을 취급하고자 하는 것이 아니다 Allen and Allen, 1997. 재결정 치료는 아이들이 누구를 닮으며, 다른 사람들은 어떻게 생겼고, 그들과 같은 사람들에게 생기는 사건들에 대하여 인생의 초기에 아이들이 결정을 내리게 되는 사고에 기초를 두고 있다. 이러한 측면에서 사람들은 어릴 때 조기 결정들이 만들어지는 것이기 때문에 이런 의미에서 보면 사람들이 그들 자신들의 운명을 결정한다고 할 수 있고 그러한 결정들은 마찬가지로 재작성되고 재결정될 수 있다.

주요 장면의 발전과 확장

재결정 집단작업에서 내담자들은 그들의 최근 계약에 관련된 결정을 하게 되는 곳에서 주요 핵심 장면을 만들라는 요청을 받는다. 이것은 여러 가지 방법으로 도출된다. 즉 말로 나타나는 것이나 감정의 추적을 통하여, 최근 또는 최신의 사소한 사건, 초기장면, 환상이나 꿈의 활용을 통하여, 문제들의 표출화를 통하여, 또는 몸짓 gesture, 움직임이나 부적절한 너털웃음의 과정을 통하여 이루어진다. 다음은 전형적 접근방법을 나타낸다.

말이나 감정의 추적

집단구성원이 초기 장면을 회상하도록 돕기 위하여, 우리는 '어린 소년(녀)이 되어 말을 들어라.' 혹은 '누가 네게 말했니…?'라고 말할 수 있다. 반면 집단구성원이 방금 발언한 그 말을 반복한다. 우리는 '눈을 감고 이와 같은 식으로 느끼고 이와 같은 생각을 가지고 있었던 처음 시간으로 돌아가 보시오.', '무슨 일이 일어나고 있습니까?', '당신 자신에게 무슨 말을 하고 있습니까?'라고 암시를 줄 수 있다. 다음의 예를 보자.

K(42세)는 만성 우울증 때문에 치료하러 왔다. K는 약간 호전되었지만 K가 이러한 변화를 이야기 했을 때 K는 갑자기 아래를 내려다보고 보다 더 우울해 보였다.

상담자: 머릿속으로 당신은 자신에게 무엇인가를 말하고 있습니까?

K   : 예, 나는 내 할머니를 생각하고 있습니다. 그녀는 습관적으로 말씀하셨습니다. 즉 잘살기 위한 "인생"인데, 세상이 그렇지 못하다고.

상담자: 그 의자에 앉아 당신의 할머니가 되어 보십시오.

K   : [자리에 앉으며] 알겠습니다.

상담자: [할머니로서 K에게] 할머니, 당신은 전 생애를 통해 일어났던 일들을 K에게 말씀해 주시겠습니까? 당신이 생각하기에 역경 중에도 굴하지 않고 즐거운 인생이었다는 것을 K에게 들려줄 좋은 충고이면 좋겠어요.

할머니로서 K는 그녀 생애의 수많은 난관과 더 할 수 없는 비극이 언제나 그녀의 행복을 파멸에 빠뜨렸던가를 설명했다. 절망에서 자신을 보호하기 위하여 그녀는 결정을 내렸다. '아무것도 기대하지 말라, 그러면 너는 결코 실망하는 일은 없을 것이다.' K가 상상 속의 할머니와 대화할 때 할머니의 좌우명은 서울에서 그녀 가족들의 역사적 경험을 실감나게 설명했다는 사실이 명확해졌다. 그녀의 조언은 도움이 되었고 지난 세기 지방인이 위험 천만의 힘든 서울 생활에서 K를 안전하게 지켜주었다는 것을 의미했다.

몸 움직임의 활용

주요 장면은 내담자의 몸 움직임이나 모습에서 나타날 수 있다. 집단구성원은 마음껏 몸놀림이나 소리를 내어보도록 요청 받는다. 예를 들면 부모에 대해서 말할 때 P는 코를 문지르기 시작했다.

P   : [아버지와 어머니에 대해서 말할 때 코를 문지른다.]

상담자: 손에 말을 건네 보시오. 손이 무엇이라고 말합니까?

P   : 아무것도 아닙니다. 단지 가려울 뿐입니다.

상담자: 말로 해보세요.

P   : 나는 당신이 냄새 맡지 못하도록 방해하는 것입니다. 지금 나고 있는 냄새를 못 맡게 하는 거지요[기쁨이 넘치는 듯이]. 오, 그것이 바로 내 부모님들이 항상 애써 제게 행하시고, 냄새나는 그들의 관계를 내가 알지 못하도록 막았지요.

꿈의 활용

꿈속에 나타나는 모든 사람이나 사물은 꿈꾸는 사람의 일부를 나타내는 투사로서 다루어질 수 있다. 내담자로 하여금 꿈속의 사람과 사물을 알아보게 한 후, 전통적인 게슈탈트 치료 [Perls, 1969] 에서처럼 그들 사이에 대화를 개발하여 통상적으로 내적 갈등과 병적 결정을 명확하게 드러나게 한다.

표출

희망이나 슬픔과 같은 추상성과 마찬가지로 신체증상은 표출될 수 있고, 그런 것들을 주제로 대화가 개발될 수 있다. 가끔 그러한 표출은 내담자의 과거에 얽힌 실제 인물에 연결된 대화로 바뀌게 된다.

B (24세)는 그녀 가족에 대해 이야기할 때 문제를 나타내었다. 그녀는 목구멍이 닫히고 더 심하게는 목이 졸리는 느낌을 가졌다.

상담자: 거기 의자에 목을 조르는 사람을 상상해 보시오. 당신은 그 사람에게 뭐라고 말합니까?

B   : 당신이 미워요! 왜 당신은 나를 혼자 내버려두지 않습니까? 왜 당신은 내게 말을 못하게 합니까?

상담자: 자 이제 그 의자에 앉으시오. 목 조르는 사람이 되시오.

B   : [목 조르는 사람처럼] 만약 네가 말하면, 너는 나를 법정에 넘겨주게 될 것이다. [이 교환은 B와 목 조르는 사람 사이에 몇 분에 걸친 대화를 이끌어내었다.]

상담자: 목 조르는 사람 옆에 다른 누가 그것을 당신에게 말했습니까?

B   : [울면서, 매우 천천히 대답한다.] 아저씨입니다. 그는 그가 내게 성추행한 사실을 내가 말하면 나와 내 가족을 죽이겠다고 협박했습니다.

이것은 그녀 아저씨와의 상상 속의 대화를 이끌어갔다. 중요한 인생의 결정은 아이들이 아주 어릴 적에, 그들이 요술을 믿을 때 전형적으로 이루어진다는 사실을 주목하는 것이 중요하다. 그들이 알고 있는 것 같이 세상은 돌아가는 것이니까 이러한 결정들은 생존가 치가 있는 것으로 믿어지고 있다. 그리고 어른으로서 집단구성원들은 아직도 그 결정 들이 이런 성질을 갖는 것으로 경험하고 있다. 결국, 그들은 아직 생존하고 있으니까!

핵심 장면에 대한 새로운 정보, 경험 또는 정서의 도입: '현재'의 경험하기 및 실험하기

많은 주요 장면들이 내담자와 과거 어떤 중요한 인물들 사이에서 두 의자 기법 사용을 통하여 아주 쉽사리 다루어지고 있다. 때때로 우리는 마치 집단구성원 자신의 어머니와 아버지인 것처럼(K의 경우에서는 할머니가 되지만) 내담자를 상담할 수 있다. 그리고 내담자들에게 전달된 메시지들이 어떻게 생겼는지를 탐색하기도 한다. 이것은 통상적으로 내담자들이 그들이 초기 결정을 내릴 때 원래 상황을 이해할 새로운 방법을 창출한다.

그들은 새로운 어떤 일을 경험하고, 어떤 새로운 정보를 얻는다. 이 모든 것이 현재에 이루어진다. 내담자가 지금 여기를 경험하고 실험하게 하고 과거에 대한 대화를 피하게 하는 것이 정서를 극대화하는 데 있어서 핵심적 기술이다. 그래서 그것은 변화를 위하여 동기화하는 힘이 될 수 있다.

재결정의 특성

굴딩 Goulding 에 의하여 행해졌던 것처럼 핵심 장면을 재규정하고 그 안에 새로운 어떤 것을 도입함으로써, 또는 추가되는 것과 핵심 장면을 보다 더 완전하게 이해하는 것을 통해서, 혹은 그들의 기본적인 인생 이야기에 대한 예외의 탐색을 통하여 집단구성원들은 새롭게 상황을 개념화하고 그것에 대하여 특별하게 느끼는 데 자유로워질 수 있다 Allen and Allen, 1991a.

그 결과로서, 그들은 그들이 원래 했던 것과 다른 결정을 내리는 것이 가능하게 되었다. 상담자는 과정을 안내한다. 그러나 새로운 결정을 내리고 그것을 행동으로 옮기는 것은 바로 내담자 자신이다. 대부분의 집단구성원들은 재결정이 그들 생애 초기에서 나온 장면과 관련이 되면 아주 쉽사리 재결정이 이루어진다는 사실에 주목한다. 왜냐하면 그들은 그런 장면에서는 어린이들이고 또 쉽사리 어린이 자아상태를 역동화하기 때문이다. 재결정은 그들의 환상 대화 속의 두드러진 주인공들이 원래 메시지를 남겼던 사람들일 때 가장 완전하게 경험된다.

초기 연구에서 굴딩은 몇 가지 중요한 금지령을 발표했는데 그것은 어린이들이 그들의 인생 이야기나 각본을 결정할 때 사용하는 병적인 초기 메시지들이다. 이들은 언어적 또는 비언어적일 수 있으며, 부모 역할하는 사람(특히 아이가 가장 의존적이었던 사람)이나 환경 자체로부터 나올 수도 있다. 재결정은 더 이상 이들 낡은 메시지를 따르지 않는 결정이다. 이들 금지령의 이면을 탐색하는 것이 유용하다는 것을 알아야 한다.

선택된 장면이나 금지령이나 실제로 발생한 사건에 대한 상담자의 신념체계가 무엇이든지 간에 재결정 작업의 목적은 집단구성원이 이전에 수용했던 병적 메시지를 거부하도록 도움을 주고 새로운 어떤 일을 결정하게 하는 것이다. 교류분석 용어로, 집단구성원은 정서적 경험(어린이 자아상태)을 가지고, 자유스런 어린이 자아상태로부터 새로운 결정을 내리며, 경험을 이해하기 위한 인지적 준거틀(어른 자아상태)을 얻는다.

유지계획 및 가족과 사회 속에 통합

집단구성원이 재결정을 하고 난 후 상담자의 다음 과제는 그들이 그것을 일상생활에서 구체적인 행동으로 옮기도록 돕는 것이다. 우리는 일반적으로 그들이 눈을 감고 마치 집에 돌아왔거나 일하고 있다고 가정해 보라고 요청한다. 즉 '당신이 겪고 있는 변화와 당신이 느끼는 방법, 당신이 행동하는 방식과 당신이 생각하는 방법을 주목해 보라! 다른 사람들은 어떻게 반응하던가? 그들은 당신 안에 나타나는 변화를 알아보던가? 누가 기뻐하던가? 어떤 사람은 기뻐하지 않던가? 이러한 질문에 대한 집단구성원들의 대답은 새로운 계약을 도출하고 또 최선으로 그들의 재결정을 위해 문제를 해결하도록 유도한다.

이 과정은 그들이 그들의 실제 생활 속으로 새로운 인생계획을 통합하는 일을 돕고 그들이 그들의 재결정을 유지할 필요가 있을 것이라는 사실을 확실하게 규명해준다 Tudor, 1997. 재결정 치료는 끝이라기보다 시작이다. 재결정은 매우 신속하게 이루어지기도 하는데 통상적으로 1회나 2회기만에 일어나기도 한다. 많은 집단구성원들은 더 오랜 기간에 걸쳐 강화된다. 그러한 지지도 그것이 상담자, 사회적 지지 집단 또는 다른 어디로부터 오던 간에 유지계획을 세워야 할 필요가 있다.

어린이들에 대한 재결정 치료

어린이들에 대한 치료는 몇 가지 중요한 면에서 어른에 대한 치료와 차이가 있다.

• 첫째, 통상적으로 치료를 원하는 주체는 어린이가 아니라, 오히려 어린이가 변하기를 원하는 어른들이다. 그래서 프로차스카 [Prochaska et al, 1994] 등의 말대로 아이는 전숙고 단계에 있는 것이다.

• 둘째, 어떤 기질적 문제를 갖고 태어난 어린이들은 별개로 하고, 어린이들의 심리학적 고통은 일반적으로 특정한 어린이와 그녀 또는 그를 양육하는 사람 사이에 조화의 결여 때문에 생긴다. 부적절한 관계는 어린이가 정상적인 발전을 하는데 방해를 받고, 자신, 타인들 및 인생에 대한 불행한 결정을 하게 되는 부정적 메시지와 기대들을 받게 되는 모체가 된다. 그러므로 어린이들에 대한 많은 치료는 특별히 어린이들은 병적 결정을 예방하는 환경적 변화에 목표를 둘 필요가 있다.

• 셋째, 어린이는 그들을 치료받게 한 문제와 관련되는 결정을 아직 내리지 못했을 수도 있다. 그래서 재결정을 내릴 필요(입장)가 있다고 말하기 어렵다. 결과적으로 상담자는 어린이가 결정을 내리도록 도움이 필요할 수도 있으나, 재결정은 아니다.

• 넷째, 재결정 치료에 관한 대부분의 문헌들은 어른에 대한 치료와 피아제 [Piaget] 에 의해 직관과 구체적 관념으로 서술되는 인지발달에 대한 그러한 단계에 이른 5-8세 사이에 내려진 결정에 초점을 맞추어 왔다. 그러나 어린이들이 안전감, 기초적 신뢰, 희망, 억제 및 효과성을 개발하는 것은 바로 초기 생애 수년간이었다. 이 시기에 어린이는 그런 식으로 언어적 결정을 내리지 못한다. 왜냐하면 어린이는 아직 언어를 구사하지 못하지만 자신과 다른 사람들의 내적 신경망 '모델'을 형성하는 것 같다. 이것들은 예상과 기대를 제공한다 [Allen, 1999a]. 그러나 다음의 예에서 나타내는 것 같이 늦은 언어적 결정이 만들어지는 것 같다는 사실은 바로 그러한 비언어적 토대에 있다.

네 가지 치료적 요건

상담자가 실제 재결정 치료를 행하거나 병리적인 결정을 막으려는 노력을 기울일 때 네 가지 중요한 치료적 요건들을 고려해야 한다. 그것은 크로스만 Crossman, 1966 의 '3P' 즉 허용 permission, 보호 protection, 역량 potency에 건강이나 강점 지향성 health or strength orientation 을 추가한다.

허용 Permission

어린이들과 성인 양쪽 모두가 잘 기능하기 위해서 여러 가지 다른 허용이 필요하다. 이 모든 허용들은 모든 연령층에 중요하다고 보이지만, 어떤 것에 대한 필요는 일정 시기 동안에는 더 중요하게 되고 그 다음에 쇠퇴하고 그 후에 다시 일어난다. 부가적으로 같은 허용도 나이에 따라 다른 형태를 취할 필요가 있다. 예를 들면 아주 어린아이는 양육하는 사람과 더불어 편안하고 안전한 느낌으로 친밀감을 느낄 필요가 있다.

이것은 어린이와 부모의 행동적 및 감정적 정신 상태 사이에 흔히 영향을 받는 것으로 나타낸다. 학령기 아이는 허용이 친밀감을 느끼고 또래 집단에 속해 있다고 느끼게 하는 것이 필요하다. 반면 좀 더 나이 많은 청소년은 점점 커지는 친밀감과 성적 연상을 가지는 식으로 또래와 함께 편안함을 느낄 필요가 있다. 결국 각자는 자신에게 자신이 필요로 하는 허용을 하게 된다. 그러나 상담자는 과정을 촉진하게 될 양육하는 환경을 조장할 수 있다.

다음은 저자들[Allen and Allen, 1999]이 유용하다고 이해하는 허용의 목록이다.

• 생존 : 존재하고 공간을 점유하는 것.
• 자신이 되는 것(나이, 계급, 색깔, 성, 성격, 종족 및 성 등).
• 재미있게 사는 것.
• 적당하게 친밀하고, 신뢰하고 안전감을 갖는 것.
• 자신이 위로와 양육 받는 것이 허용되고 자신을 진정시키고 돌보는 것.
• 다른 사람들과 공감적으로 또 상호적으로 반응하게 되는 것.
• 자기의 환경을 지배하는 것(중요하게 되는 것).
• 광범한 정서와 교차하여 자신의 감정을 경험하는 것.
• 사람이 소속감을 느끼는 것(가족, 친구, 공동체 및 문화 속에서와 더불어서).
• 자기 자신, 타인 그리고 세계에 대하여 OK를 느끼는 것(다른 사람을 OK가 아니라고 하거나 사람이 살고 있는 배경을 얕잡아봄으로써 자신을 OK라고 하지 않는 것).
• 실험하고 변화하는 것(또한 안전하게 실패하고 그 실패를 생산적으로 사용하는 것).
• 광범위한 분야를 통하여 분명하게 생각하고 문제를 해결하는 것(사고방식이 건전하게 되는 것).
• 자기 자신의 경험을 체험하는 것.
• 사랑과 일에 '성공하는 것'.
• 의미를 창출하고 발견하는 것.

보호 Protection

사람들은 그들이 내렸던 것과 다른 결정을 내렸다고 하더라도 과거에 발생했던 일 때문에 가끔 변화를 두려워한다. 그들은 부모 역할을 하는 사람이 죽거나 그들을 버릴지도 모르고, 특히 그들이 자살하지나 않을까 라던가, 혹은 가족(세계)이 붕괴될지도 모른다는 사실에 두려워 할 수도 있다. 불행히도 그런 가능한 대 참사는 전적으로 공상적인 것만은 아니다. 예를 들면, 가족구성원들은 가족이 성적 학대나 몇몇 다른 비밀을 말한다면 때때로 위협을 받는다. 부가적으로, 상담자는 내담자들이 집과 일터로 되돌아간 후 그들을 계속해서 안전하게 지키고 재결정이 타인을 괴롭히거나 내담자의 사회적 환경을 해롭게 폭행을 하는 것이 아니라는 사실을 확인하는 방법을 계획할 수 있도록 도움을 주어야 한다.

역량 Potency

상담자들은 여러 가지 형태의 역량을 가진다. 즉 집단구성원이 자신에게 필요한 허용을 주도록 도움을 주는 역량, 재결정 및 변화의 시간동안 보호를 제공하는 역량, 내담자의 건강한 반응을 강조하는 역량 및 현실을 확인하거나 재확인할 때 내담자를 도와주는 역량 등이다.

강점 지향성 A strength orientation

강점과 자원을 실증하는 전망을 토대로 실행하는 것 또한 가능하다. 어린이들은 그들이 이해하는 대로 주어진 세상에 대해 그들이 할 수 있는 최선의 결정을 내린다. 그 다음 어른으로서 그들이 아직도 살아있다는 바로 그 사실이 아무리 역기능적이라도 그들의 결정이 생존 가치를 가진다는 사실을 증명하는 것 같다. 재결정 상담자는 그들의 초기 결정에 대하여 도움이 되는 측면을 확증할 필요가 있다. 반면에 보다 건강한 재결정 및 성장을 위해서 격려하고 그들의 강점과 자원을 끌어낼 필요가 있다.

재결정 치료에서, 집단구성원들은 약간의 치료적 용이성에도 불구하고, 그들 자신의 문제를 해결하기 위하여 요구에 맞게 치료된다. 내담자가 '나는 할 수 없어요.'라고 말할 때 상담자는 전형적으로 이것이 '나는 갖지 않았다.'라던가 '나는 원치 않는다.'로 변해지기를 제안한다. 어떤 내담자가 '누군가가 내게 …을 느끼게 했다'라고 말할 때 이것은 자신이 가졌고 다른 선택을 갖고 있다는 사실을 강조하는 방식으로 질문이 던져졌다. 집단구성원이 다른 어떤 사람이 변화를 위하여 계약 체결을 하고자 할 때, 이것은 집단구성원이 실제적으로 자신이 성취할 수 있는 목표로 변화되어야한다.

치료 양식으로서 재결정 집단치료

재결정 상담자는 명백한 계약을 맺음으로써, 그리고 투명하고 측정 가능한 목표를 수립함으로써 치료적 과정에 책임을 갖는다. 이 목표는 과거의 탐색을 억제하고 치료가 집중되게 한다. 그러나 협력해서 타협된 목표가 상담자에 의해서 영향을 받을지라도, 결정을 내리는 힘은 집단구성원 자신인 것이다. 핵심 장면과 함께하는 게슈탈트 작업을 하는 동안 현재에서 정서적 재경험을 하는 것이 재결정을 위한 동기를 주는 힘을 갖게 한다.

그러나 이 고조된 정서는 인지적 준거틀(교류분석 이론)과 유지계획에 의해서 완화된다. 교류분석 용어의 사용을 통하여, 집단구성원은 경험을 이해하고 자신의 생애를 다시 이야기하는 방법을 찾는다. 재결정 치료를 위한 기초적 과정은 생명윤리학의 핵심 견해와 조화를 이룬다. 치료적 계약, 집단구성원의 강점과 재결정을 이룩하는 집단구성원의 능력에 관한 강조는 모두 집단구성원 자율성의 원칙에 부합한다.

재결정 치료는 다른 구성주의 치료와 더불어 우리들의 이야기가 우리가 주의를 기울이는 경험과, 그들에게 주는 의미와 그래서 우리 인생의 궁극적 방향을 결정한다는 신념을 공유한다. 재결정 상담자가 치료적 과정을 안내한다기보다 오히려 집단구성원이 내용을 결정하도록 허용한다. 그러므로 집단구성원들은 상담자가 아닌 그들이 스스로 찾아내었고 그들 자신들이 새로운 인생 이야기를 선택해서 쓰게 되었다는 감각을 갖게 된다.

이것은 그들에게 인생을 극복하는 힘, 방향 및 통제에 대한 고조된 감각을 부여한다. 그 후 집단구성원들은 그들의 새로운 행동과 태도를 지지하고 보상하게 될 새로운 접촉을 할 수 있도록 지도를 받는다. 문제해결 및 해결중심 치료와 같이 재결정 치료는 새로운 행동을 강조한다. 그러나 그것은 문제해결이나 해결자체를 강조하는 것이 아니고 오히려 집단구성원이 내리는 재결정과 결과적으로 나타나는 실생활 변화와 행동을 강조한다.

요약하면, 재결정 집단치료를 통하여 다음과 같은 것을 얻을 수 있다.

- 변화에 대한 기대와 허용
- 실생활에서 투명한 계약 목표, 그것에 관련된 재결정 및 추후 지지
- 이 과정 동안의 보호
- 인지적 준거틀에 의해 조절되는 동기를 통하여 동기화된 정서적 경험
- 추후 변화에 대한 설명으로 역할을 할 수 있는 '중요한-사건 marker-event' 등이다.

참고문헌

권경인, 조수연(2010). 국내 집단상담 연구의 최근경향과 과제. 인간이해, 3(2), 63-84.

김계현(2001). 상담심리학 연구 II. 서울: 학지사.

김계현, 이윤주, 왕은자(2002). 국내 집단상담 성과연구에 대한 메타분석. 상담학연구, 3(1), 47-62.

김수홍, 레이첼 김 공역(2012). 자녀와 함께 다시 성장하기. H&H Press.

김현수 역(2000). 교류분석치료. 민지사

박종삼(2005). "임상에서 교류분석(TA)의 중요성과 공헌". 한국교류분석임상학회 창립대회자료집. 한국교류분석임상학회.

박종삼(2015). "상담, 교육, 조직 장면에서의 TA집단의 활용". 한국교류분석상담학회 추계학술대회 자료집. 한국교류분석상담학회.

박현주 역(2009). 에릭 번. Ian Stewart 지음. 학지사.\임원선 (2010). "교류분석(TA)의 임상적 중요성과 발전방향", 한국TA학회/(사)한국교류분석협회 연차대회자료집. 한국TA학회/(사)한국교류분석협회.

서혜석 외(2012). 내 안의 행복. 도서출판 아카데미아.

송희자 역(2010). 교류분석 개론. 서울:시그마프레스

오수희, 이영태, 안범현 공역(2012). TA이론에 의한 성격적응론, 학지사. Joins, V., & Stewart, I. 2002, Personality Adaptation, LIFESPACE Publishing.

오수희(2012). 재결단 치료, 2012년 한국교류분석상담학회 춘계학술대회 자료집.

이영호, 박미현(2011). 생활속의 교류분석 관계의 미학 TA. 학지사.

이영호, 박미현 공역(2012). 학교 현장에서 교류분석의 적용. G Barrow & T Newton. 학지사.

이도영, 김남욱, 추석호, 이수연, 김규식(1999). 교류분석: 이론과 실제-교류분석 훈련프로그램: 훈련자 매뉴얼-, 서울: 중앙적성출판사.

이원영(2009). 아이는 성공하기 위해 태어난다. 샘터, James, M., & Jongward, M. (1971). Born to win. Da Capo Press.

조성숙 역(2008). 마음의 해부학. 토마스 해리스. 21세기 북스.

제석봉, 최외선, 김갑숙, 윤대영 공역(2010). 현대의 교류분석 .Ian Stewart& Vann Joins. 학지사.

천성문, 설창덕, 배정우(2004). 우리나라 집단상담의 현황과 과제. 학생상담연구, 5, 61-74.

최외선, 최웅용, 김갑숙, 제석봉 공역(2013). TA 상담의 실제, 학지사. Stewart, I. 2002

한국교류분석임상학회 역(2009). 교류분석 상담의 적용, 학지사. Stewart, I. 1996, Developing Transactional Analysis Counselling, Sage Publication Ltd.

한국교류분석상담학회 역(2013). 교류분석(TA)적 접근을 통한 자살상담과 치료, 학지사. White, T. 2011, Working with Suicidal Individuals: A Guide to Providing Understanding, Assessment and Support, Jessica Kingsley Pubishers Ltd.

한국 교류분석 협회/ 박의순, 이진선 역 (2008). 기법을 중심으로 한 TA 상담과 심리치료. Christine Lister-Ford. Skills in Transactional Analysis Counselling & Psychotherapy.

Beck, Ariadne P., and Carol M. Lewis (2000). The process of group psychotherapy: Systems for analyzing change. American Psychological Association.

Berne, Eric. (1958). "Transactional analysis: a new and effective method of group therapy." American Journal of Psychotherapy 12.4 : 735.

Berne, E. (1961). Transactional analysis in psychotherapy; A systematic individual and social psychiatry. New York, NY: Grove Press.

Berne, E. (1966). Principles of group treatment. New York, NY: Grove Press.

Berne, E. (1972). What do you say after you say hello?: The psychology of human destiny. New York, NY: Grove Press.

Boholst, F. A. (2003). Effects of Transactional Analysis Group Therapy on Ego States and Ego State Perception. Transactional Analysis Journal 33(3), 254-261.

Burlingame, G. M., K. R. MacKenzie, and B. Strauss (2004). "Small group treatment: Evidence for effectiveness and mechanisms of change." Handbook of psychotherapy and behavior change 5 : 647-696.

Clarke, J. I. (1981). Differences between special fields and clinical groups. Transactional analysis Journal, 11, 169-170.

Clarke, JI., & Dawson, C. (1998). Growing Up Again. HAZELDEN.

Cornell, F William (2013). "Special Fields": A Brief History of an Anxious Dilemma and Its Lingering Consequwnces for Transactional Analysis Counselors. TAJ. vol.43 no. 1

Cross, Darryl G., Peter W. Sheehan, and Janet A. Khan (1982). "Short-and long-term follow-up of clients receiving insight-oriented therapy and behavior therapy." Journal of Consulting and Clinical Psychology 50.1. 103.

Dusay, John M. (1977). "The evolution of transactional analysis." Transactional analysis after Eric Berne: Teaching and practices of three TA schools: 32-52.

Erskine, Richard (1975). The ABC's of Effective Therapy. TAJ. vol. 5, no 2.

Fine, Marvin J., Gay Covell, and D. B. Tracy (1978). "The effects of TA training on teacher attitudes and behavior." Transactional Analysis Journal 8.3 : 236-239.

Fassbind-Kech, Liselotte (2011). "The First Interview from a Counselor's Perspective: What If the First Interview is Also the Last?." Transactional Analysis Journal 41.4 : 291-295.

Goulding, Robert (1972). Decisions in Script Formation. TAJ. Vol.2. No.2

Goulding (1979). "What do you do When…" TAJ. 9:2 99.

Gregoire, Jose (1998). Criteria for Defining the Boundaries of Transactional Analysis Fields of Application. TAJ. 28(4).

Intarakumnerd, Tanom. (1976). The effects of transactional analysis on the self-concept of Thai students who are enrolled in Mississippi universities. Diss. Mississippi State University. Department of Student Personnel and Councelor Education.

James Muriel, Mary Goulding (1998). Self-Reparening and Redecision. TAJ. Vol. 28, No. 1.

James M, Jongeward D (1971). Born to Win. Da Capo Press.

Jeness, Carl F. (1975). "Comparative Effectiveness of Behavior Modification and Transactional Analysis Programs for Delinquents." Journal of Consulting and Clinical Psychology 43.6 : 758.

McNeel, J. R. (1975). Redecision in Psychotherapy: A study of the effects of an intensive weekend group workshop. Unpublished doctoral dissertation, California School of Professional Psycology, Berkeley, CA.

Muriel, J. (2002). It's Never Too Late to Be Happy. Quill Driver Books

Muriel, J., Goulding, M. (1998). Self-Reparenting and Redecision. Transactional Analysis Bulletin, 28 (1), 16-19

Noriega Gayol, G (1997). Diagnosis and treatment of ego state boundary problems: Effects on self-esteem and quality of life. Transactional Analysis Journal 27, 236-240.

Novey, T. B. (2002). Measuring the effectiveness of Transactional Analysis: An international study. Transactional Analysis Journal 32, 8-24.

Patton, Elbert R. (1974). A comparison of transactional analysis group counseling and client-centered individual counseling of admissions risk college freshmen. Diss. ProQuest Information & Learning.

Stasiw, John Richard (1977). "The effects of intensive, short term transactional analysis training and group therapy on affective states and locus of control with adult male offenders."

Steiner, C.M. (1984). Emotional Literacy. Transactional Analysis Bulletin, 14(3), 162-173.

Steiner, C.M. (1996). Emotional Literacy Training: The Application of Transactional Analysis to the Study of Emotions. Transactional Analysis Bulletin, 26(1), 31-38.

Steiner, C.M. (2009). The Heart of the Matter. TA Press

Talob, E. R. C. (1994). Using Transactional Analysis to enhance adjustment in Filipino college students. Transactional Analysis Journal 24, 197-205.

Tudor, K. (1997). Counselling or Psychotherapy: An issue of orientation. ITA News, 47, 40-42

Tudor, K. (1999). Group Counselling. London. England: Sage Publication.

Vinella P. (2013). Transactional Analysis Counseling Groups: Theory, Practice, and How They Differ from Other TA Groups. Transactional Analysis Journal 43(1), 68-79.

Wissink, L. M. (1994). A validation of Transactional Analysis in increasing self-esteem among participants in a self-reparenting program. Transactional Analysis Journal 24, 189-196.

Yalom, Irvin D., Lieberman., Miles, Matthew (1973). Encounter groups: First facts. New York: Basic Books.

CD : Effective Approaches for The New Millenium Emotional Literacy with Claude Steiner. Southeast Institute for Group & Family Therapy

CD : Muriel, J. (1997). Self-Reparenting. Theory and Process for Group Leaders. ITAA

찾아보기